城市公共基础设施投资效益优化模型与评价方法研究

黄慧霞 著

九州出版社
JIUZHOUPRESS

图书在版编目（CIP）数据

城市公共基础设施投资效益优化模型与评价方法研究／黄慧霞著．-- 北京：九州出版社，2021.5

ISBN 978-7-5225-0043-0

Ⅰ．①城… Ⅱ．①黄… Ⅲ．①城市公用设施－基本建设投资－投资效益－研究 Ⅳ．①F294.1

中国版本图书馆 CIP 数据核字（2021）第 097224 号

城市公共基础设施投资效益优化模型与评价方法研究

作　　者	黄慧霞 著
责任编辑	陈春玲
出版发行	九州出版社
地　　址	北京市西城区阜外大街甲 35 号（100037）
发行电话	（010）68992190/3/5/6
网　　址	www.jiuzhoupress.com
印　　刷	武汉市籍缘印刷厂
开　　本	710 毫米 ×1000 毫米　16 开
印　　张	12.5
字　　数	204 千字
版　　次	2021 年 5 月第 1 版
印　　次	2021 年 5 月第 1 次印刷
书　　号	ISBN 978-7-5225-0043-0
定　　价	58.00 元

本著作的出版获得了广东省普通高校"创新强校工程"优秀青年创新人才培养计划项目（人文社科）的资助（项目名称：基于可持续发展的广东省城市基础设施管理综合效益评价研究，项目号：2018WQNCX186），为该项目的研究成果。

　　本著作获得了佛山科学技术学院高水平理工科大学建设专项资金、广东省社会科学研究基地"创新与经济转型升级研究中心"的资助。

前　言

随着城市化进程的加快，城市公共基础设施需求急剧增长，城市问题日益突出，城市水资源、空气、废弃物污染越发严重，城市道路交通拥堵、内涝次数增多，诸多城市问题已成为影响城市经济、社会、环境发展的重大阻力。如何解决困扰城市发展的各项问题，是摆在我们面前的重要课题。

城市公共基础设施是城市经济正常运行的支撑体系和物质载体，是促进城市发展的重要标志。一个城市的公共基础设施建设水平体现了这个城市的进步发展水平。因此，运用现代化的城市公共基础设施建设理论与现代信息技术，在现有的基础上，对城市公共基础设施系统进行系统优化与综合性的评价，对现有投资进行优化组合，实现资金的最优配置，最大限度地发挥系统的最佳效益的研究，成为国内外学者关心的重要课题。

城市公共基础设施投资效益优化模型与评价方法研究是对中国城市公共基础设施现有投资情况的综合性研究，探讨中国城市公共基础设施投资建设的特点，评价其综合效益，为今后城市公共基础设施合理投资建设提供科学的决策依据。本书以能源供应设施、给水排水设施、交通运输设施、邮电通信设施、环境保护设施、防灾安全设施等工程性设施为主要研究对象，对其经济、社会、环境效益进行综合性评价和分析，结合改革开放以来中国对城市公共基础设施投资建设情况对比分析，探索其效益优化模型和评价方法。首先，在定量分析的基础上，从理论上探讨了中国城市公共基础设施建设投资现状，并总结其可能存在的问题；其次，采取了多目标多属性原则，对城市公共基础设施六大系统的综合效益进行了定量和定性分析，在确定评价准则和评价方法的基础上，综合研究城市公共基础设施系统的效益评价问题；之后，分别以主观和客观的视角，从群体多属性决策、不确定性数学理论方法、DEA博弈交叉效率、损失厌恶心理等多个角度建立了城市公共基础设施投资效益优化模型与评价方法，并对所研究的理论方法进行了实例应用分析；最后就本书研究结论以及未来新型城市公共基础设施建设发展方向展开讨论。

  本著作在作者博士学位论文"城市公共基础设施投资效益优化模型与评价方法研究"的基础上修改总结而成，由于作者水平有限，书中难免存在不妥之处，敬请读者批评指教。

目 录

第1章 绪 论

◎ 1.1 问题的提出

自改革开放以来,中国经济进入了飞速发展阶段,1978年国内生产总值(GDP)仅为3678.7亿元,经过40多年的发展变化,到2018年,国内生产总值达到了900309.5亿元,2018年GDP增长6.6%,对世界经济增长的贡献率达到了30%①。中国经济增长如此之快,离不开近年来中国政府对市场经济实施的改革和创新,同时政府对城市公共基础设施的投资建设对促进中国GDP的增长起到了重要的作用。作为野村证券的首席经济学家,赵扬认为支撑中国2016年的主要经济动力并不是房地产的投资、销售或者房地产走势,而是基础设施的投资②。

城市公共基础设施是城市发展的物质基础,对促进城市的经济发展具有重要的推动作用。完善的基础设施系统能够决定一个国家的经济增长速度,降低国家贫困的水平,提高国民生产和生活的安全性,以及保证国家环境的可持续发展。世界银行在1994年的发展报告中指出城市基础设施能力与经济产出的增长是同步的。认为,"基础设施存量每增长1%,GDP就会增加1%"[1]。对基础设施进行投资建设是促进经济增长的基础,中国政府通过加大对城市公共基础设施的投资降低了1998年的亚洲金融危机给国家带来的影响[2];不仅如此,为了应对2008年的全球经济危机,中国政府拨款4万亿元,用于投资建设城市公共基础设施,解决了中国的就业难题,并保证了中国经济的增长速度。在2009年中央政府拨款1300亿元用于投资,其中重大基础设施项目的建设成为中央投资的六大主线之一③。随着城市公共基础设施建设逐渐达到饱和,对城

---

① 《中国统计年鉴2019》,中华人民共和国国家统计局编。
② 新浪财经:《四季度经济增长更多依赖基础设施投资》,2016年11月20日。
③ 新华网:《1300亿元中央投资计划启动950亿将分配给地方》,2009年2月3日。

市经济的带动作用逐渐减弱，全球数字化转型升级加速发展，中美贸易战对国内出口造成不良影响，加上 2020 年全球新冠肺炎疫情，进一步打击了出口贸易，亟须"投资"拉动 GDP 增长，2020 年中央政府大力推进新型基础设施建设，通过加大投资，带动相关产业链发展，增加就业岗位，拉动收入增长。

目前国家重点发展城市基础设施建设，2014 年亚洲基础设施投资银行的成立将促进发展中国家的基础设施建设，以保持经济持续稳定较快发展。尽管如此，即使有大量的资金用于城市建设，但是城市公共基础设施的不合理投资仍会阻碍城市的发展。从 20 世纪 80 年代开始，中国在基础设施上的投资失误率达到了 30%，造成了大量的资金浪费[3]。因此，科学合理地对城市公共基础设施进行投资，对促进城市发展有至关重要的作用。

城市公共基础设施的建设不仅能有效地促进国家经济增长，同时还具有如下几点作用：

第一，加强基础设施的建设有利于降低城市的贫困程度，城市就业人口的增加有很大一部分得益于基础设施的建设；第二，基础设施的空间分布会影响区域间的生产力和贸易往来，城市间产业与其市场，生产者与其消费者之间的关系依赖于完备的基础设施；第三，基础设施服务有助于减少城市居民感染疾病的概率，尤其是良好的公共卫生基础设施有助于增强城市居民抵抗疾病的能力；第四，基础设施有助于保障城市生态环境的平衡。饮用水源的净化、园林绿化、固体废弃物的处理都给城市带来了环境效益。

然而，中国仍经常出现基础设施供给不够、基础设施投资分布不合理的情况。随着城市化进程的加快，城市人口的急剧增长，城市基础设施建设的步伐落后于城市人口增加的步伐，给城市带来沉重的负担。加上基础设施具有投资规模大、建设周期长的特点，需要深入分析其系统效益结构，科学合理地进行投资决策。

◎ 1.2 研究的目的及意义

面对城市基础设施投资系统的投资规模、投资结构和投资区域的不合理，以及国家投资资金的紧缺等问题，需要有一套完整的、科学的投资决策方法来解决该问题。

在这样的研究环境下，城市公共基础设施投资效益优化与评价方法研究不仅属于理论研究，而且属于实践问题。因此，城市公共基础设施投资效益与评价问题的提出具有重要的理论意义和积极的实际应用价值。它的理论意义主要体现在：

（1）本研究是完善公共管理学科的重要推动力。城市公共基础设施是介于纯私人产品和纯公共产品之间的准公共产品，它的这种特殊的属性决定了它的社会效益、环境效益高于经济效益，长期效益高于短期效益，整体效益高于局部效益，这就要求我们需要以系统的观点看待城市公共基础设施，用系统的科学原理和规律来认识公共基础设施给城市带来的影响，通过利用系统工程、系统测算等一系列可供操作的方法、程序来处理城市公共基础设施存在的问题。充分体现学科交叉与融合的特色，推进公共管理学科的完善与发展。

（2）本研究为促进城市公共基础设施供需平衡提供重要的研究依据。城市公共基础设施是为城市经济、社会活动提供的各种设备和服务。它在数量、质量、空间和时间上满足城市生产、生活系统的需求。然而，城市公共基础设施的供给和需求不平衡，在经济发达的一线、二线城市尤为严重。如交通拥堵问题、城市水涝问题、空气污染问题。到目前为止，关于城市公共基础设施的经济、社会、环境的效益协调问题以及资金的合理配置问题的研究成果还不多。因此，对城市公共基础设施投资的综合效益以及资金的合理配置进行研究将为城市公共基础设施供需平衡提供重要的研究依据。

城市公共基础设施投资效益优化模型与评价方法的研究具有积极的实际应用价值主要体现在：

（1）本研究是推进公共基础设施系统效益结构优化的主要途径。公共基础设施每增加 1% 的投资，国民经济总值将增长 1%，可见基础设施给经济带来的乘数效应是显而易见的。同时，城市公共基础设施属于纯公共物品或准公共物品，具有一定的非排他性，它给城市所带来的社会效益要显著高于经济效益。另外，城市的生态环境基础设施系统使得整个城市的生态环境得到了有效的保障。城市公共基础设施所带来的经济、社会、环境效益相互影响、相互制约，因此，建立城市公共基础设施投资系统的效益结构分析模型、加强对公共基础设施三大效益的协调是推动公共基础设施系统效益结构优化的主要途径。

（2）本研究为保证城市公共基础设施综合效益最大化提供了科学有效的方法。城市公共基础设施建设投资规模大，建设周期长，返工成本大。为了保证在有限的时间和成本内完成城市公共基础设施建设，采用科学的决策方法显得尤为重要。因此，本书在评价国内城市公共基础设施建设情况时，采用了群体多属性决策方法、三角模糊数和损失厌恶心理用以突出决策者的主观意愿，同时结合投资组合、数据包络分析（DEA）方法的应用客观地评价了公共基础设施水平，这些思路和方法对于建立城市公共基础设施投资效益优化模型以及评价城市公共基础设施现有建设情况提供了一个有效的尝试与探索。对提高城市公共基础设施的投资质量以及促进整个国民经济的增长具有实际的应用价值。

◎ 1.3 研究内容及方法

1.3.1 研究内容

在城市公共基础设施国内外研究文献的基础上，本书结合城市公共基础设施投资决策理论和方法构建了城市公共基础设施投资系统效益评价模型，对城市公共基础设施投资决策进行了系统的研究，本书利用模糊数学和最优化方法，从多个方面来研究城市公共基础设施投资效益结构评价问题，构建了城市公共基础设施投资效益结构的理论框架。

本书共九章，各章的主要研究内容如下：

第一章为绪论。本章介绍了城市公共基础设施投资效益结构的研究背景、研究目的及意义，主要研究思路、研究方法，以及本书的创新点。

第二章为研究综述。目前国内外已有较多学者研究与城市公共基础设施相关的内容，分别从城市公共基础设施对城市经济、环境、社会三大效益单独研究较为常见，因此在本书的研究综述部分以此三类分别学习了前人的研究成果；此外，本部分还针对本书用到的研究方法进行了文献综述，分别对群体多属性决策模型、投资组合模型、DEA 博弈交叉效率模型以及损失厌恶理论展开了讨论。

第三章为中国城市公共基础设施建设投资现状。本章通过总结分析 1978年至 2017 年之间的城市公共基础设施的客观数据以探讨中国城市公共基础设施投资现状。从总体、分行业、分区域分别探讨了城市公共基础设施投资情况，以及中国城市公共基础设施的现有存量情况，并通过数据对比，总结了中国城市公共基础设施投资建设存在的问题。

第四章为城市公共基础设施投资优化基础理论研究。本部分首先对城市公共基础设施进行了详细的定义，并对其进行了分类；然后介绍了与城市公共基础设施特征等相关的理论与方法，主要包括：公共物品理论、公共选择理论、行为决策理论、系统论、博弈论、资源最优配置理论、外部效用；最后对本书涉及的城市公共基础设施效益评价方法进行了详细介绍，主要包括：模糊集相关理论、前景理论、群体多属性理论、DEA 博弈交叉效率模型。

第五章为基于群体多属性决策的城市公共基础设施投资分配研究。首先，本章同样将城市公共基础设施分为能源供应设施、给排水及污水处理设施、交通运输设施、邮电通信设施、环境保护设施、防灾安全设施六大设施系统。针对这六大设施系统，构建了城市公共基础设施投资效益优化模型；然后利用选择的评判属性，建立了多属性群体专家的评价矩阵，并且设计了群体成员聚集的算法，得到了城市公共基础设施的综合评估结果。同时，为了判断群体决策的一致性，对其进行了灵敏度分析；最后，提出了综合效益最优情况下的多属性决策城市公共基础设施投资效益评价模型，应用于实际决策问题。

第六章为基于粒子群算法的城市公共基础设施模糊投资优化研究。在这一章中，为了让城市公共基础设施评价更加贴近实际情况，探讨了模糊环境下的城市公共基础设施投资的情况，从城市公共基础设施综合效益出发，构建了城市公共基础设施经济、社会、环境的效益权重，结合三角模糊数给出了以北京、天津、上海、重庆四大直辖市为研究对象的投资组合模型，同时设计了相应粒子群的算法，并对其进行了实证研究。

第七章为基于 DEA 博弈的城市公共基础设施投资效益评价研究。本部分首先构建了一套更为合理的城市公共基础设施综合效益的指标评价系统，其中输入指标主要包括：城市市政公用设施建设固定资产完成投资额，水务基础设施系统投资额，交通基础设施系统投资额，能源基础设施系统投资额和环境基础设施系统投资额；输出指标主要包括：城市维护建设资金中收入，供水总量，供气总量，道路面积，就业人数，每百人图书馆藏书和建成区绿化覆盖面积。然后采用带有博弈理论的 DEA 交叉效率模型对中国 30 个省会城市进行了实证研究，对中国 30 个省会城市的 DEA 博弈交叉效率值的区域差异进行了分析。实证研究结果表明，为了解决东部地区人口密度大，环境污染严重的问题，政府对于城市公共基础设施投资的重点仍然需放在东部发达地区。

第八章为考虑损失厌恶的公共基础设施承包商评价与选择。本章节不同于前面几个章节，以公共基础设施项目承包商为研究对象，通过对项目承包商的效益评价以选择最优承包商承担城市公共基础设施项目。在本部分的研究过程中首先探讨了城市公共基础设施项目承包的融资模式，并针对本书研究内容的特点构建了利益分配原则和承包商选择评价指标体系。在此基础上，根据第七章的城市公共基础设施的DEA博弈交叉效率模型，引入了前景效用理论中的损失厌恶心理，构建了基于损失厌恶的DEA博弈交叉效益模型，最后将其运用到了高速公路承包商的评价问题上，以验证模型的实用性。

第九章为本书的结论和政策建议。对本书的主要内容进行了简要的总结，同时对本书研究中的不足和有待进一步研究的问题以及未来新型基础设施建设的发展前景提出了展望。

本书的结构框架图，如图 1-1 所示。

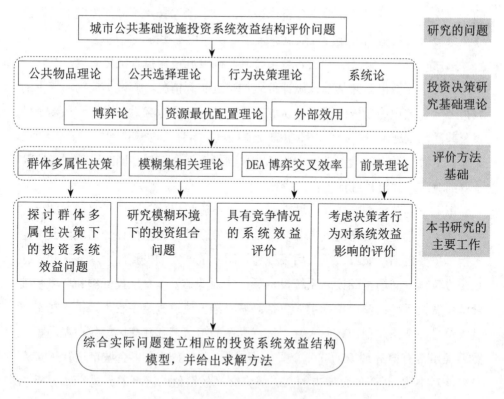

图 1-1 研究结构框架图

1.3.2 研究方法

本书主要采用模糊集理论、群体多属性决策等来处理城市公共基础设施评价问题中的不确定性问题，然后利用最优化理论、投资组合理论、博弈论等方法来建立城市公共基础设施的投资效益优化模型。最后利用信息熵、群体聚类算法、粒子群算法等方法对所构建的模型进行求解。

本书以结构框架图为基础对城市公共基础设施投资系统效益结构问题展开讨论，使用的研究方法主要包括：

（1）利用群体多属性决策来评价在多个属性情况下的城市公共基础设施六大系统，充分考虑决策者的个人偏好以及知识和经验对决策的影响，进而提出了城市公共基础设施投资效益优化模型。对于群体多属性权重的构建，本书采用了群体成员的聚集算法进行分析，然后利用信息熵得到了城市公共基础设施六大系统的效益评估权重，最后对模型进行了求解。

（2）利用三角模糊数刻画了城市公共基础设施经济效益、社会效益、环境效益的不确定性因素，研究了模糊环境下的城市公共基础设施投资组合优化模型，最后利用粒子群算法对该模型进行了求解。

（3）利用博弈论思想刻画了城市之间可能存在的竞争关系，加入了投资资金权重变量，构建了数据包络分析的博弈交叉效率模型，进而设计了相应的迭代算法求解博弈交叉效率值和资金分配权重。本书还构建了多元线性回归方程验证了结果的有效性。

（4）利用损失厌恶心理研究了决策者在面临损失和收益时对决策的影响，构建了考虑损失厌恶的博弈交叉效率模型。最后构建了综合评估模型，设计了相应的算法并对其进行求解。

◎ 1.4 创新点

本研究所讨论的是不确定情况下的城市公共基础设施投资系统效益评价问题。由于在现实生活中，投资决策者的行为往往是受心理因素的影响，同时投资决策者需要根据客观情况来调整以实现最终目的。尽管关于城市公共基础设施的投资系统评价问题已经取得了一定的成就，但是主要停留在客观或者主观的情况下，而同时考虑客观和主观因素的城市公共基础设施的投资系统效益评价问题仍然处于探索阶段，为了构建城市公共基础设施投资系统效益结构的理论框架，本书采用了多种方法进行研究，主要创新点包括以下几点：

（1）提出了群体多属性决策的城市公共基础设施投资效益模型，并设计了群体成员的聚集算法。为了确保群体决策的一致性，增加考虑了群体多属性决策中属性权重的微小变化对评价结果的影响。为进一步提高城市公共基础设施的综合效益以及进行科学合理的资金分配提供了一个新的解决思路。

（2）研究了城市公共基础设施经济、社会、环境的效益权重，并且针对效益权重的模糊性，引用了三角模糊数，进而提出了模糊环境下的城市公共基础设施多期投资组合模型，并利用粒子群算法来对模型进行求解。

（3）建立了城市公共基础设施经济效益、社会效益、环境效益的协同作用框架，提出了城市公共基础设施投资综合效益的指标系统。为了解决传统数据包络分析（DEA）仅考虑自身的最大化效率问题以及 DEA 交叉效率解不唯一问题，利用城市间的非合作关系，引入博弈理论，同时增加了资金分配权重的输入变量，构建了 DEA 博弈交叉效率模型，并通过算法进行了求解。最后，应用中国 30 个省会城市对模型进行了分析及验证。

（4）利用投资决策者的损失厌恶的行为心理，提出了基于损失厌恶的 DEA 博弈交叉效率模型，并设计了相应的算法对模型进行了求解。针对目前将行为心理应用到 DEA 博弈交叉效率评价的问题，这方面的研究还不够深入。本书利用前景理论来进行研究，主要是将前景理论中的经典理论（损失厌恶理论）应用到 DEA 博弈交叉效率评价问题中。修正了 DEA 博弈交叉效率模型，增加了投资决策者在面临损失和收益时对决策的影响，为城市公共基础设施投资优化模型和评价方法提供了一个新的研究视角。

第 2 章 研究综述

随着全球经济的增长和城市化步伐的加快，城市间的交通网络越来越发达，城市用水越来越方便，环境绿化越来越好，城市公共基础设施的投资建设，其作用对城市的经济、社会、环境都产生了重大的影响，大量国内外学者纷纷对其进行了研究分析。本书根据城市公共基础设施投资效益的独特性，分别对城市公共基础设施投资决策的代表性文章以及所涉及的相关优化模型与评价方法进行论述。

◎ 2.1 城市公共基础设施投资决策研究综述

城市公共基础设施是整个城市发展的物质载体，是实现社会、经济、环境相统一的必要条件。城市的水务设施系统、交通运输系统、能源设施系统等设施作为生产性的基础设施直接参与生产过程，成为城市发展的物质资本，为提高城市经济发展水平作出了重要贡献；生态设施系统、防灾设施系统、人文教育设施等设施是城市发展的人文资本，为促进城市人文素质水平，改善生活环境提供了重要的保障。

2.1.1 城市公共基础设施对经济的影响

作为一项国民经济的重要投入要素，城市公共基础设施的投资能够增加直接资本的产出，同时也会利用乘数效应来影响资本的积累，促进社会总需求，从而提高国民的总收入，最终促进经济社会活动的发展[4]。基础设施的发展不仅能促进城市的发展，还能刺激经济的增长，扩大城市的产业范围[5]。

2008 年，中国第一条城际高速铁路的开通使得中国交通实现跨越式的发展。作为一种新的运输方式，它对人民的生活方式产生较大的影响，大大缩短了城市间的距离，在一定程度上，促进了城市之间要素（劳动力、技术和资本）的流动，有助于缩小区域经济差异，高铁网络与城市经济网络存在相互影响的正相关关系。加快高铁网络建设，改善区域经济网络联系，有利于推动城市区域协调发展[6][7]。可见，中国城市基础设施的建设对城市经济的影响是巨大的，并已有大量学者进行了相关研究。

杨帆和韩传峰[8]研究了交通运输设施系统对中国经济的影响，研究结果表明交通基础设施能有效地促进国内经济的增长。张浩然和衣保中[9]通过探讨2003—2009年中国城市的面板数据，研究了城市交通基础设施和通信基础设施以及医疗设施对当地全要素生产率的影响，实证结果表明这三大设施对城市全要素生产率有显著的正影响。罗良文等[10]利用了2004—2013年近10年的中国30个城市的面板数据研究了基础设施投资与全要素生产率的影响，研究结果证实了加大基础设施投资是全要素生产率得以提高的重要推动力。刘晓光等[11]认为交通基础设施能改善城乡的收入分配效果，对缩小城乡之间的地区差异有显著的影响。徐学明等[12]认为公路基础设施与区域经济增长之间的关系对于制定行业发展和投资计划具有重要的作用，运用ADF单位根法和Jonhanson检验法得到相关结论：公路基础设施投资与经济增长存在长期稳定协整的关系，公路对城市经济的拉动作用十分明显。Guo等[13]研究了1964年到2004年的铁路里程数和高速公路里程数与国内生产总值（GDP）的关系，协整和误差校正分析显示铁路投资对GDP有积极的影响，高速公路投资对GDP有负影响。刘修岩[14]利用2001—2007年中国城市动态面板数据研究了城市基础设施对城市非劳动生产率的影响，结果表明了城市公共基础设施对该城市的劳动生产率有显著的正影响。牛婷等[15]对城市环境基础设施与经济增长之间的关系进行了研究，研究结果认为城市的环境基础设施建设每增加1%的投资就会产生1%的经济增长，并且能保持一个长期稳定的关系。史雅娟[16]研究了北京市基础设施对经济增长的贡献，从1987年到2014年的平均贡献率就达到了34.9%。其中邮电通信基础设施贡献最大，其次分别为交通基础设施、能源供应设施和水务基础设施。

随着中国的"一带一路"走入国际视野，中国在"一带一路"沿线国家的基础设施建设也为中国的经济加快发展提供了条件。赵维等[17]从贸易成本和全要素生产率的视角，搜集了2007年至2017年近10年的"一带一路"沿线国家相关的数据，运用中介效应模型研究互联网基础设施的贸易效应。检验结果表明，沿线国家建立的互联网基础设施对中国与沿线国家的双边贸易往来是有利的。同时，赵维等还进行了异质性检验，对贸易往来方向和沿线国家的经济发展差异进行了区分，研究结果表明互联网基础设施都具有明显的贸易效应，其中：贸易成本的中介效应主要发生在沿线发达国家对中国进出口贸易中；全要素生产率的中介效应主要发生在沿线发展中国家对中国进出口贸易中。同样的，张世琪等[18]从质量和物流绩效两个方面，对"一带一路"沿线亚非国家的交通基础设施与中国的经济发展之间存在的影响进行了分析。研究通过结构方程模型（SEM）分析了 2007—2016 年的数据并得到了结论："一带一路"沿线国家在城市铁路、贸易港等基础设施质量得到提升的同时，也能通过进出口贸易的中介作用对中国经济增长有较显著的正向作用。

白丽飞等[19]以中国"一带一路"沿线中涉及的西北五省为研究对象，探讨了交通基础设施建设与经济发展的关系，研究结果表明了两者之间存在着正相关关系，城市经济的发展需要交通基础设施建设的支持，而交通基础设施的建设也需要经济来提供资金、技术等条件，二者是相互影响、相互促进的。

同时，城市公共基础设施建设对企业的发展也有很大的促进作用。例如：蒙英华和裴瑱[20]认为基础设施对进出口服务贸易有很大的影响，研究结果表明基础设施建设的规模越大、质量越高对于提高国家的服务出口质量越有保障。盛丹等[21]则研究了基础设施对中国企业进出口的影响，通过采用 1998—2001 年的中国工业部门的企业数据，并用 Heckman 两阶段的选择模型进行了研究。研究结果表明，良好的基础设施建设能够很好地促进国内企业的出口。另外，公共基础设施的建设对降低企业成本有显著成效。张光南等[22]利用 1998—2005 年中国制造业的企业数据进行了分析，结果表明基础设施对木材加工制造业、家具制造业、计算机等电子制造业、通用设备制造业等 10 多个制造业的成本均有显著的降低成效。

在国外基础设施与经济发展的相关研究中，基础设施建设对城市经济的发展有一定的促进作用。Mamatzakis[23]分析了公共基础设施投资对希腊制造业的私人购买情况的影响，结果表明公共基础设施有助于私人资本节约成本并提高需求，减少公共基础设施的投资将制约希腊制造业的发展。Herranz-Lonca´n[24]分析了基础设施投资对西班牙的经济增长的影响，研究结果表明基础设施投资对局部地区的经济增长有明显的促进作用，对整个国家而言促进作用还不够显著。

城市公共基础设施对城市经济的影响是十分显著的，一个城市的公共基础设施建设是否完善和齐全是判断这个城市的经济是否能够达到一定水平的标准。

2.1.2 城市公共基础设施对社会的影响

城市公共基础设施是一个国家和城市正常运行的根本，它对社会的影响远远大于对经济的影响。城市公共基础设施质量的提高有助于提高城市居民的福利水平，消除贫困；提供公平的就业机会，维护弱势群体的感受，减少人与人之间存在的不平等[25]。在发展中国家城市基础设施系统的完备性代表着城市化水平的高低[26]。邓明[27]通过1999—2010年的城市数据研究了中国城市交通基础设施对国内就业的影响情况，研究表明城市交通基础设施建设能够促进第二产业和第三产业的就业发展。郑振雄[28]利用省际动态面板数据分析了长期和短期的基础设施投资对就业的影响，研究结果表明公路基础设施建设能够提供更多的就业机会，提高就业率。

城市公共基础设施投资建设不仅对就业有影响，而且能够提高城市居民的健康水平。Fay等[29]认为良好的基础设施服务水平（自来水设施系统、卫生设施系统、能源设施系统）能够降低新生儿和儿童的死亡率、儿童营养不良的患病率。在此基础上，Ravallion[30]对其进行了深入的研究，研究结果还证明了良好的基础设施对妇女的受教育水平有正影响，认为基础设施水平越高，设备越齐全，国家有越多的妇女具有较高的教育水平。Bouabid和Louis[31]认为有将近40%的世界人口面临着用水卫生的问题，有7.8亿人口缺少安全的供水，25亿人口缺乏最基本的卫生医疗设施。因此用水设施、污水处理设施、固体废弃物污染处理设施对促进发展中国家健康发展有着至关重要的作用。良好的城市公共基础设施建设能够推动城市化的进程，提高城市居民的收入水平，降低城市居民的健康成本，Parikh等[32]认为基础设施能提高贫穷地区的幸福水平，尤其提高了女性的健康水平。除此之外，Tasic和Porter[33]研究了多模式交通基础设施和交通安全之间的关系，利用芝加哥城市作为研究对象，结果表明交通基础设施的可用性和使用情况对交通事故发生的频率存在强关联性。

一般情况下，城市公共基础设施的存在主要是以提高社会效益为基础的。

而社会效益的体现往往是无形的，因此在对城市公共基础设施的效益评价中本书增加了主观评价方法和模糊评价的方法以解决定性问题。

2.1.3 城市公共基础设施对环境的影响

环境保护已成为当今世界各国的重要任务之一，也是中国的一项基本国策。城市的环境污染已经成为城市面临的普遍问题之一。城市公共基础设施建设的环境问题主要体现在城市污水处理、固体废弃物的处理、城市环境卫生、空气污染治理等方面[34]。刘惠敏[35]研究了大型基础设施对地缘区人居环境的影响，构建了人居环境的相关指标体系，并以上海市的大型交通枢纽基础设施系统为案例进行了研究，结果表明交通基础设施与人居环境之间存在正影响，交通基础设施的建设发展有效地促进了人居环境的发展。同时，社区的相关基础设施建设的完备情况对人居环境有重要的影响。刘蕴芳等[36]认为为能有效保障城市居民安全健康的生活需求，对于生活垃圾无害化处理设施及污水处理设施这类重大环境保护设施建设是不可或缺的。在城市六大基础设施系统中，生态环境基础设施系统是城市环境保护的重要部分，是城市居民获得自然环境的保证。环境保护基础设施能够为城市净化空气，为城市居民提供良好的生活环境、娱乐场所[37]。Wang 等[38]认为城市绿色基础设施（包括树木、绿色围墙、屋顶）通过影响气候、能源使用、空气质量、噪声污染对城市做出了重要贡献。Thornes 等[39]认为城市绿色基础设施通过干沉降和影响烟雾的形成过程来减少空气污染，提高空气质量。Akbari[40]认为城市遮阴树能够降低房屋空调的需求，改善城市空气污染质量，Akbari 的研究结果表明城市绿化在减少城市 CO_2 的排放，降低温室效应中起到了重要的作用。Tzoulas 等[41]认为完整的绿色基础设施系统可以从多个方面促进生态设施系统的健康。城市和城市周边地区的栖息地（自然的、半自然的、人工的）能够保证生物物种的多样性。Gonzalez-Oreja 等[42]对城市公园尺寸以及绿地覆盖面积进行了研究，研究结果表明了公园和树木的覆盖面积对减少城市的噪声污染有显著的正向影响，但是噪声污染的减少程度与城市公园的地理位置和公园树木的种类无关。Shashua-Bar 和 Hoffman[43]研究了城市绿地面积对城市的降温作用，研究结果表明城市树木能使城市的温度降低 2.8 度到 4.5 度，其中有 80% 的原因是来自于城市树木的遮阴效果。

就目前的情况来看，城市公共基础设施对环境有正向影响的主要归功于城市生态环保基础设施的积极作用。因此，为了有个良好的城市环境，城市的生态环保基础设施建设是不容忽视的。总的来说，城市公共基础设施这个大系统以及其建设改善了整个城市的质量水平，有利于当地的经济效益、社会效益、环境效益的提高[44]。因此，对城市公共基础设施的投资系统效益结构进行研究是十分有必要的。

◎ 2.2 城市公共基础设施效益评价方法综述

目前有较多国内外学者对城市公共基础设施效益评价方法进行研究，大部分研究集中于对城市的公共基础设施的投入产出比，以分析不同区域的投资效率差异。这些研究基于国家层面或地区层面，从整个城市公共基础设施系统或单个基础设施系统角度出发选取投资效益指标进行评价对比。不同于前人常用的层次分析法和传统数据包络分析法，本书采用了多种评价方法用以评估城市公共基础设施效益，这些方法在城市公共基础设施效益评价中均有一定的研究基础。

2.2.1 群体多属性决策模型综述

城市公共基础设施是一个复杂的系统。对于每一个使用城市公共基础设施的个体，他的使用感受与他个人所受到的教育水平以及所在的社会地位密切相关，使得人们对城市公共基础设施的评价具有很大的偏向性。因此，关于城市公共基础设施的相关决策需要多人进行评价，以提高决策水平，使得决策科学合理化。

随着群体多属性决策的发展，已经有大量的学者将其运用到了多个领域。其中包括基础设施领域、海军领域、企业管理领域等。

孙钰等[45]利用群体多属性评价方法对城市水务基础设施的综合效益进行了评价，评价结果表明对于城市水务基础设施系统来讲，需要优先考虑城市用水系统的投资分配情况，再考虑其他城市水务基础设施系统的投资分配情况。李香花和王孟钧[46]针对决策主体的模糊性，提出了带有模糊性的多属性群体决策模型，对城市基础设施项目的融资情况进行了评价，为基础设施项目的投资决策提供了依据。万俊等[47]在多属性群体决策的主观评价中加入了熵理论的客观权重，对群体决策进行了调整，并对海军基地保障方案进行评价，得到的评价方案更加符合实际情况。戚筱雯[48]等提出了一种基于信息熵的最大区间决策方法，用于解决属性权重不确定情况下的多属性决策问题，并将其运用到 ERP 系统软件的选择中，得到了 ERP 系统软件的优劣排序情况。

然而，在现实生活中，完全确定性的评价是不存在的，很多客观事情受到主观因素的影响，存在一定的复杂性和不确性，使得在评价属性值时需要以模糊的形式给出[49]。张茂军等[50]针对群体多属性问题中不确定因素的普遍出现，提出了带有三角模糊数的多属性群体决策方法，并通过案例对提出的方法进行了验证，结果证明该方法是实用并有效的。陈晓红和李喜华[51]提出了直觉模糊梯形的多属性群体决策方法，该方法为不确定环境下的多属性决策提供了一个切实可行的方法。

在传统不确定性群体多属性决策方法中，肖子涵等[52]提出了一种基于云模型的多属性决策方法，用以解决决策信息的模糊性问题。庄文英[53]研究了大型央企集团投资项目动态群体决策的问题，对于这类大型央企集团来说，在投资决策时要面临更大的风险，因此庄文英通过利用区间三角模糊数的多属性群体决策方法，为多属性群体决策提供了一条新的解决思路。在多属性群体决策方法的不断改进过程中，徐选华教授对其进行了深入研究。徐选华等[54]分析了两个群体成员的思维模式，为了判断整个群体的偏好问题，提出了矢量空间的群体聚类算法。对于群体决策来说，两个群体决策的情况不多，而是以多个群体进行决策，因此，将两个群体决策增加到多个群体，徐选华和范永峰[55]针对多属性群体决策提出了一种改进的蚁群聚类算法，将专家的评价结果进行有效的聚类，并对其进行了计算，用于解决复杂的大规模的群体决策。在此基础上，徐选华等[56]考虑每一个决策者都存在方案偏好的问题，为了提高群体决策偏好的一致性，提出了基于乘法偏好关系的群一致性偏差熵多属性的研究。

进一步地，徐选华等[57]还考虑了在不确定属性权重和专家确定权重的前提下，对云模型进行了适当调整，以更好地解决多属性群体决策问题。燕蜻和梁吉业[58]为了解决群体评价的不一致性，针对混合型的多属性决策问题提出了群体的一致性分析方法。该方法减少了专家对于属性评价的修改程度，保证了群体的一致性。

目前，在多属性群体决策理论体系研究方面，虽然已经形成较多的研究成果，但是对于算法的拓展、混合多属性研究、动态交互研究等领域还有研究的空间，需要进一步完善。

从以上研究可以看出，关于群体多属性决策的相关研究已经发展得较为成熟，并且也已经取得了一定的成果。为了较好地解决信息不确定情况下的决策问题，群体多属性决策为决策者提供了一个很好的解决方法。因此本书将利用群体多属性决策对城市公共基础设施的投资效益优化模型进行分析评价。

2.2.2 投资组合模型综述

城市的发展需要依靠城市进行大量的固定资产投资，对城市公共基础设施投资的分析是以城市的发展战略为方针的，通过分析城市公共基础设施的投资情况，从而以确定城市公共基础设施的投资规模和投资重点。城市公共基础设施建设的投资规模大、周期长，并且从项目开始至完工时间具有一定的滞后性，因此需要进行投资分析来确定城市公共基础设施的投资规模，以保证城市公共基础设施投资的综合效益。在本书的研究中利用了投资组合相关理论来探讨城市公共基础设施的投资研究。

有关投资组合问题的最早是由 Markowitz 提出的，他在 Portfolio Selection 一文中提出了"不要把鸡蛋放在一个篮子里"的思想[59]，认为利用投资组合的方法可以通过选择多种投资类型达到收益最大、风险最小的目的。随着 Markowitz 的均值－方差模型的提出，大量学者已经对其进行了广泛应用和扩展。Deng[60] 等建立了基于基数约束条件下的 Markowitz 投资组合优化模型，为了求解该模型，Deng 对算法进行了改进，在算法开始寻优时增加了它的探索性以及在结束寻优时加快了其收敛的速度，最终得到了合理有效的投资方案。Calafiore[61] 利用多期动态决策方法求解资金的分配问题，提出了周期性的最佳投资组合调整方法以减少累积风险，并且在每一期要满足投资组合的多样性约束条件，以达到或者超过所需终端财富的最终目标。Sun 等[62] 将单阶段的 Markowitz 的均值－方差模型扩展到了多阶段的投资组合模型，并认为多阶段的投资组合问题是一个非线性并且耗时的复杂问题，对其进行求解存在一定的困难，因此，Sun 提出了一种新颖的粒子群算法（漂移粒子群优化算法（DPSO）），并对该模型进行了求解。

然而，从实际的投资决策上来看，投资附带产生的社会效益和环境效益对决策也会产生影响，并且这些因素无法通过客观数据进行描述，因此，本书在对城市基础设施的投资分配模型中将 Zadeh[63] 提出的模糊集理论应用到决策中。到目前为止，已有大量学者将模糊决策方法运用到投资决策中。刘洋[64] 引入了模糊决策的思想用于衡量决策者对投资的预期，并将模糊思想引入了固定比例保险策略中，将投资决策的不确定性范围缩小，将投资的风险尽可能地降到最低。Liu[65] 认为传统的投资组合模型能够通过历史数据为未来的城投股市场进行预测，然而不管过去数据的精确性有多高，在城市建设投资股份市场环境中始终存在着高的变动性，考虑到这点，Liu 建立了模糊的投资组合优化模型。Ammar[66] 等引入了模糊投资组合优化作为二次凸规划模型，求解了以模糊期望最大为目标以及以模糊风险最小为目标的模型。Parra[67] 等认为收益、风险和资产的流动性是私人投资者最关注的几个指标，然而这些指标在投资者看来不能用精确数表示，故引入了模糊语言进行了处理。Parra 等利用了模糊的目标规划进行求解。Liu[68] 认为人们对于投资更关心的是未来的收益而不是眼前的收益，因此，Liu 利用区间数据来表示资产的收益，研究了不确定的风险投资组合问题。

目前已有部分学者将投资组合模型应用于城市公共基础设施，探索公共基础设施的投资组合情况。例如，Bianchi[69] 等认为长期的收益行为和公共基础设施投资特点受到短期的历史数据限制，因此 Bianchi 等通过每月对公司风险指标和数据的搜集，得到了基础设施收益将会低估尾风险的结论。电网属于公共基础设施之一，电网的分部地域面积广，需要投资大量的资金，为了减少资金的不合理利用，董军[70] 建立了以电网投资项目为研究对象的最优投资组合模型，为电网项目高效、低成本的进行提供支持。孙钰等[71] 在确定城市公共基础设施效益权重的基础上，利用三角模糊数构建了模糊环境下的公共基础设施投资决策模型。并对中国四大直辖市（北京、天津、上海、重庆）的城投公司进行了投资组合分析，研究结果表明城市公共基础的投资设施仍然把重点放在经济发达地区。

不难发现，投资组合模型可以很好地解决投资的收益和投资的风险问题。同时，模糊集理论能够较好地整合投资决策者的主观偏好因素，然而关于基础设施的投资组合的研究还不够深入，因此，将投资组合模型运用到城市公共基础设施的投资系统效益的研究是合理的。

2.2.3 DEA 博弈交叉效率模型综述

科学合理的城市基础设施投资有助于促进城市综合效益的发展。因此，为了改善城市基础设施投资的综合效益，需要拟定一个合理的计划。公共基础设施投资效益一般通过比较绩效指标来进行衡量，数据包络分析（DEA）能够很好地对其进行分析[72-73]。基于 DEA 的评价方法是客观的，在评价的过程中不需要主观设置权重和专家打分。

现已有部分学者用该方法来评估与城市的基础设施相关效率问题。例如，李忠富和李玉龙[3] 将 DEA 作为一个非参数方法来评估中国的基础设施投资绩效问题。Yang 和 Gao[74] 利用 DEA 模型评价了 2008 年到 2013 年陕西省 10 个城市的基础设施投资效益。刘亚伟[75] 通过收集 2010-2017 年的数据，利用 DEA方法将中国 31 个省市以东、中、西三个区域为研究对象，分析了东、中、西三大区域的基础设施投资情况。叶堃晖等[76] 采用改进的 DEA 模型分析了 2008年至 2017 年近 10 年以来中国城市交通基础设施运输效率，研究结果表明，城市交通基础设施运输效率东部地区最高，其次为中部地区，最后为西部地区。Fancello 等[77] 利用 DEA 模型评估了城市道路系统，为城市政策制定者提供效率评价技术支持。王俊能等[78] 通过 DEA 模型对中国 31 个省的环境效益进行了分析评价，认为中国的环境效益较低，并且正在逐步改善。同时还分析了影响中国环境的主要因素，结果表明环境效益会随着产业结构的变化而变化。韩学键等[79] 利用 DEA 模型对资源型城市的竞争力水平进行了评价，得到了资源型城市的对比情况，为资源型城市的未来发展路线提供了一定的建议。

另外，还有学者将 DEA 模型应用于城市基础设施建筑承包商的选择问题[80]和供应商的选择问题[81]。

然而，传统的 DEA 模型是单纯的自我评价，并不会考虑来自其他决策单元的影响；只能将决策单元简单地分为有效的和非有效的两个部分，不能对决策单元进一步进行比较[82]，在用于评价问题上仍然不够成熟。

因此，Sexton 等[83] 以及 Doyle 和 Green[84] 提出了 DEA 交叉效率模型，DEA 交叉效率减少了传统的 DEA 仅能自评的弊端，并且解决了传统 DEA 模型只能将决策单元分为有效和非有效的缺点，能够对决策单元进行充分的排序。DEA 交叉效率模型已经被广泛地应用到各个领域。例如，孙钰等[85] 利用 DEA 交叉效率模型评价和分析了 2012 年中国 35 个大中城市的城市基础设施经济效益，并对 35 个大中城市进行了分类讨论。许建伟等[86] 利用 DEA 交叉效率模型分析了甘肃省的 12 个城市的效率，并对甘肃省的 12 个城市进行了区域性的分析。蔡晓春和潘姣丽[87] 采用 DEA 交叉效率模型对 2005 年—2010 年中国各个省的能源效率进行了评价，同样的将按东、西、中三个区域分别对其进行了分析。崔玉泉等[88] 在 DEA 交叉效率模型的基础上提出了随机加权的思想，对资源进行了合理的分配。然而，DEA 交叉效率模型同样有缺陷：DEA 交叉效率的解会根据求解软件的不同而不同，所得到的解不是唯一的；同时获得的均值交叉效率解也不是帕累托最优解。

为了解决 DEA 交叉效率存在的缺陷，Liang 等[89] 将博弈论引入了 DEA 交叉效率模型中。在现有的文献中，已经有研究对博弈交叉效率模型进行分析和应用。杨锋等[90] 认为进取型的 DEA 交叉效率和仁慈型的 DEA 交叉效率评价方法将除了自身以外的决策单元统统看成敌对方或者友好方，并不完全符合现实情况。在此基础上杨锋等学者提出了带有竞争和合作的决策单元的 DEA 博弈交叉效率模型，该模型首先将决策单元进行了聚类分析，对决策单元进行了分类，考虑了不同于其他决策单元的特殊决策单元的个人偏好。Wu 等[91] 利用 DEA 博弈交叉效率模型对参加奥林匹克运动会的国家进行了评价，并且提出了修正变量的规模报酬模型，保证决策单元的交叉效益值为非负，最终得到了参与国历年来所获得的金、银、铜牌的效率排名情况。Ma 等[92] 用博弈交叉效率模型评估了供应商的绩效问题，并获得了帕累托最优解。Ma 等[93] 利用两阶段下的 DEA 博弈交叉效率模型对美国 30 个顶级的商业银行进行了评价，每一个决策单元都得到了一个唯一的并且合理的交叉效率值。Naini 等[94] 提出了基于纳什讨价还价的博弈理论，并用于计算银行分支的权重系数。吴华清等[95] 考虑了决策单元之间存在的竞争关系，将纳什讨价还价的模型引入 DEA 模型中，将有限的资源进行了合理的配置。同样的，张启平等[96] 将 DEA 模型的纳什讨价还价的博弈理论应用于固定成本的分摊问题中，并通过算例证明了作者提出的固定成本分摊的方法是合理并有效的。王美强和李勇军[97] 将 DEA 博弈交叉效率模型应用到供应商的评价中，认为供应商之间存在一定的竞争关系，并且采用了模糊数对其进行了评价。

关于城市公共基础设施的投资决策研究中，数据包络分析（DEA）博弈交叉效率模型将城市作为博弈参与者，与其他城市存在竞争关系[89、91、92]。事实上，可以看到，城市公共基础设施的投资决策不仅仅依赖于他们自身的效益，同时还依赖于相对参考效益水平。

2.2.4 损失厌恶理论综述

城市公共基础设施建设项目不仅是一个非常耗时的过程，同时也是一个不可逆的过程。因此，对于城市公共基础设施的设计与规划以及对于基础设施的承包商的选择是非常重要的，需要保证建设项目的绝对质量。政府部门越来越意识到城市公共基础设施建设的重要性，如何对城市公共基础设施进行投资以及选择优秀的承包商显得尤为重要。

Kahneman 和 Tversky[98] 认为决策者所感知到的收益和损失是相对于参考点而言的。同时，决策者的行为对损失厌恶产生影响，对于相同的损失和收益，损失带来的伤害要大于收益带来的喜悦。损失厌恶心理行为已经被广泛地运用到各个领域。其中，较多学者喜欢将损失厌恶模型运用至金融学领域的投资组合模型当中。对于传统的投资组合问题，大部分学者采用的是以期望－方差模型为基础的研究，而大量研究结果表明了在投资决策时，投资者会表现出非理性行为，即对损失和收益的不对称反应[99]。

金秀等[100]、王佳等[101] 将损失厌恶心理引入行为金融学中，考虑投资者的损失厌恶和资产收益均值的模糊不确定性，建立了基于动态损失厌恶的投资组合优化模型和分布鲁棒投资组合模型，研究结果表明损失厌恶的心理行为影响了投资者的投资决策结果。胡支军和叶丹[102] 研究了基于损失厌恶的非线性投资组合问题，利用 S 型效用函数替代传统的凹型效用函数，他们认为投资决策者的心理行为对投资决策存在一定的影响。詹泽雄等[103] 同时考虑了在动态情况下的非线性投资组合模型，并在模拟中国市场动态和静态的情况下，进行绩效投资和最优配置的对比，得到了不同的结果，实证结果表明损失厌恶心理对投资绩效和决策是有影响的。米辉和张曙光[104] 分别建立了损失厌恶投资者在财富非约束和基准下限约束条件下的投资组合模型，并得出了在损失厌恶情况下应采取相对保守的投资策略。张茂军等[105] 认为基金管理者在面对投资管理时具有损失厌恶的特点，损失厌恶行为已经成了现代金融学中比较具有代表性的心理因素。孙春花和李腊生 [106] 引入了体现损失厌恶偏好的 VaR 作为风险指标，构建了一种具有行为心理的资产组合模型。张小涛等 [107] 研究了损失厌恶的效用参数对资产配置的影响，通过风险资产收益和比例计算出了损失厌恶参数的变化范围，为损失厌恶参数取值变化提供了一定的借鉴。

尽管在决策理论中，前景效用理论对决策起到了重要的作用，并且也运用到了多个领域中，特别是投资组合领域。但是损失厌恶理论在城市公共基础设施投资决策以及建设项目承包商的选择决策中是相对较少的。在政府部门的决策行为中，城市之间的竞争关系以及决策者的损失厌恶行为是影响城市公共基础设施建设的两个主要的因素。本书将前景效用理论中的损失厌恶心理引入城市公共基础设施的投资决策中，能够更好地贴近于实际情况。

◎ 2.3 文献综述述评

通过研究国内外相关研究成果可以看出，目前的研究大多是对城市公共基础设施所带来的经济效益、社会效益或环境效益中的某一个方面的效益评价，尚缺乏从经济、社会、环境三个维度加以系统评价研究的成果，从而难以把握公共基础设施这种准公共产品所体现的综合效益。在研究对象上，侧重于研究城市公共基础设施的单一项目，且以大型基础设施建设项目为主，其中偏好于研究交通基础设施系统和生态环卫设施系统这些经济效益和环境效益明显的城市公共基础设施系统。而对于防灾基础设施系统、邮电通讯设施系统等效益不明显的城市公共基础设施系统则很少研究。然而，城市公共基础设施作为准公共物品，它的社会效益要显著大于经济效益。因此，本书从总体出发，将研究城市公共基础设施六大系统的整体效益作为本书的一个切入点。

此外，在城市公共基础设施效益评价方法的研究上，很多文献采用了数据包络分析法（DEA）、层次分析法（AHP）、多层次模糊评价法、因子分析、主成分分析等对城市公共基础设施进行分析。但是这些文献只采用了单一的方法对其进行评价，只考虑了现有的基础设施存量对城市产生的影响，并没有考虑基础设施对城市居民带来的生活、精神等方面的影响。因此，为了将经济效益、社会效益、环境效益结合起来研究，分析三大效益对城市公共基础设施的影响，在前人的基础上通过利用三角模糊数、群体多属性决策、数据包络模型分析城市公共基础设施的投资效益优化和评价问题。

最后，国内外关于城市公共基础设施投资效益优化模型的文献相对较少，大多集中在评价方面的研究，很少将城市公共基础设施评价后的结果运用到实际应用中。因此，为了探索公共基础设施评价的应用价值，尝试利用投资组合、博弈论、损失厌恶等理论解决城市公共基础设施的投资效益优化问题。在研究的过程中将前景理论中的经典理论（损失厌恶理论）应用到 DEA 博弈交叉效率评价模型中，扩展了 DEA 博弈交叉效率模型，增加考虑了投资决策者在面临损失和收益时对决策的影响，为城市公共基础设施投资系统效益评价问题提供了一个新的研究视角。

第3章 中国城市公共基础设施建设投资现状

本章通过现有的数据，客观地描述了中国城市公共基础设施建设和投资的发展情况。并针对现有状况找出其存在的问题，为本书后面章节提供研究前提和方向。

◎ 3.1 中国城市公共基础设施投资现状

3.1.1 城市公共基础设施投资总体情况分析

改革开放以来，中国经济的平稳发展不仅得益于市场经济的转型升级，也得益于不断完善的各类基础设施的投资建设。

同时，城市公共基础设施建设投资对推动中国经济起到了非常重要的作用。增加基础设施建设的投资能有效地缓解因各种经济危机为国家带来的经济下滑现象，对稳定中国经济增长有一定的作用[108]。

20世纪80年代以前，中国以计划经济为主，城市公共基础设施建设按照国家的经济能力有计划地进行投资。改革开放后，中国以市场经济为主，以经济建设为中心，采取了改善局部区域的基础设施投资政策，扩大投资规模。从1978年开始，中国的城市公用设施固定资产投资是逐年增长的。根据表3-1，可以看到，1978年城市公用设施固定资产投资完成额为12亿元，占同期社会固定资产投资总额的1.79%，占同期国内生产总值的0.33%；到2017年城市公用设施固定资产投资额达到了19327.6亿元，占同期社会固定资产总额的3.01%，占同期国内生产总值比重的2.34%。从改革开放到全面建设小康社会的过程中，在这近40年的时间里，国家对城市公用设施的固定资产投资额增加了约1610倍，同期的社会固定资产总投资比重增长了1.6倍，同期国内生产总值比重增长了近7倍，可以发现，中国城市基础设施建设的发展主要依赖于投资的规模，基础设施的投资在一定程度上促进了中国国内生产总值的增长。

表 3-1 1978-2017 年中国城市公用设施固定资产投资

计量单位：亿元

年份	国内生产总值	全社会固定资产投资额	城市市政公用设施建设固定资产投资		
			投资完成额	占同期社会固定资产投资比重（%）	占同期国内生产总值比重（%）
1978	3678.7	669.0	12.0	1.79	0.33
1979	4100.5	699.0	14.2	2.02	0.35
1980	4587.6	911.0	14.4	1.58	0.31
1981	4935.8	961.0	19.5	2.03	0.40
1982	5373.4	1230.4	27.2	2.21	0.51
1983	6020.9	1430.1	28.2	1.97	0.47
1984	7278.5	1832.9	41.7	2.27	0.57
1985	9098.9	2543.2	64.0	2.52	0.70
1986	10376.2	3120.6	80.1	2.57	0.77
1987	12174.6	3791.7	90.3	2.38	0.74
1988	15180.4	4753.8	113.2	2.38	0.75
1989	17179.7	4410.4	107.0	2.43	0.62
1990	18872.9	4517.0	121.2	2.68	0.64
1991	22005.6	5594.5	170.9	3.05	0.78
1992	27194.5	8080.1	283.2	3.50	1.04
1993	35673.2	13072.3	521.8	3.99	1.46
1994	48637.5	17042.1	666.0	3.91	1.37
1995	61339.9	20019.3	807.6	4.03	1.32
1996	71813.6	22974.0	948.6	4.13	1.32
1997	79715.0	24941.1	1142.7	4.58	1.43
1998	85195.5	28406.2	1477.6	5.20	1.73
1999	90564.4	29854.7	1590.8	5.33	1.76
2000	100280.1	32917.7	1890.7	5.74	1.89
2001	110863.1	37213.5	2351.9	6.32	2.12
2002	121717.4	43499.9	3123.2	7.18	2.57

续表 3-1

计量单位：亿元

年份	国内生产总值	全社会固定资产投资额	城市市政公用设施建设固定资产投资		
			投资完成额	占同期社会固定资产投资比重（%）	占同期国内生产总值比重（%）
2003	137422.0	55566.6	4462.4	8.03	3.25
2004	161840.2	70477.4	4762.2	6.76	2.94
2005	187318.9	88773.6	5602.2	6.31	2.99
2006	219438.5	109998.2	5765.1	5.25	2.63
2007	270232.3	137323.9	6418.9	4.68	2.38
2008	319515.5	172828.4	7368.2	4.26	2.31
2009	349081.4	224598.8	10641.5	4.70	3.05
2010	413030.3	278121.9	13363.9	4.81	3.24
2011	489300.6	311485.1	13934.2	4.48	2.85
2012	540367.4	374694.7	15296.4	4.08	2.83
2013	595244.4	446294.1	16349.8	3.66	2.75
2014	643974.0	512760.7	16245.0	3.17	2.52
2015	689052.1	561999.8	16204.4	2.88	2.35
2016	744127.2	606465.7	17460.0	2.88	2.35
2017	827122.0	641238.0	19327.6	3.01	2.34

资料来源：笔者根据《中国城市建设统计年鉴》相关数据计算得出

  图 3-1 对比了中国从改革开放时期到 2017 年的城市市政公用设施建设固定资产投资与国内生产总值、国家财政收入和全社会固定资产投资完成额的情况。可以看到，城市市政公用设施建设固定资产投资与国家财政收入增长幅度更相近，在保证财政收入的情况下，城市市政公用设施固定资产投资随之增长。而全社会固定资产投资涨幅情况与国内生产总值增长幅度更相近，在国内生产总值范围内进行全社会固定资产投资，符合国家发展要求。

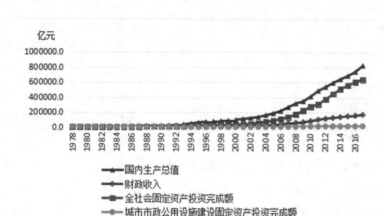

图 3-1　1978—2017 年国内生产总值、财政收入、全社会固定资产投资、城市市政公用设施建设固定资产投资情况

资料来源：笔者根据《中国城市建设统计年鉴》相关数据绘制

　　从图 3-2 中可以看到中国国内生产总值、全社会固定资产投资以及城市市政公用设施建设固定资产投资的增长率对比情况。整体来说，国内生产总值的增长速度的波动幅度并不大，在 6.7% 和 15% 之间波动，保证了平均 9.59% 的增长率。全社会固定资产投资和城市市政公用设施固定资产投资的增长率波动范围较大，最低出现了负增长率，最高增长率达到了 80% 以上。在这近 40 年的发展过程中，公用设施建设固定资产投资完成额在 1989 年、2014 年、2015 年出现了三年的负增长。同时还可以看到全社会固定资产投资与城市市政公用设施固定资产投资增长率的波动情况在 1978 年至 2003 年之间趋近相同，而 2003 年以后全社会固定资产投资波动幅度变小，城市市政公用设施建设固定资产投资增长率仍保持一定的波动幅度。

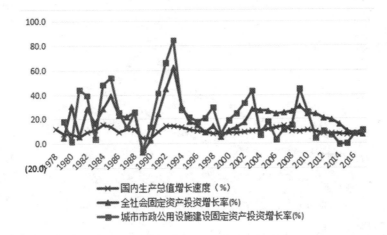

图 3-2　国内生产总值、全社会固定资产投资、城市市政公用设施固定资产投资
增长率对比图（1978—2017 年）

资料来源：笔者根据《中国城市建设统计年鉴》相关数据绘制

如图 3-3 所示，中国城市公用设施固定资产投资占同期社会固定资产投资
和国内生产总值的比重在 1980 年到 2003 年期间呈上升趋势，且占同期社会固
定资产投资比重的增长尤为明显。从 2003 年开始，一直到 2014 年，虽然在
2008 年到 2010 年出现小幅度的上升趋势，最高占同期社会固定资产投资比重
百分比达到了 8%，但是总体的投资比重以下滑趋势为主。因此，从总体上来看
中国的基础设施投资规模仍处于滞后状态，不能满足经济持续快速增长的有效
需求。

同时，还可以看到从 2014 年开始，城市市政公用设施建设固定资产投资
占同期全社会固定资产投资以及国内生产总值的比重趋于相近，表明了中国全
社会固定资产投资逐渐向国内生产总值靠近的事实，同时也表明了国家将更多
的资金投资到了全社会的固定资产中。

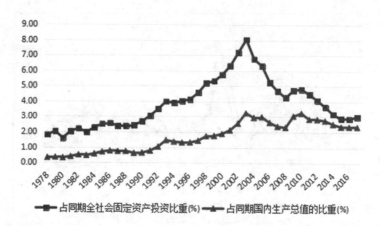

图 3-3 城市市政公用设施建设固定资产投资占同期社会固定资产投资和国内生产总值比（1978—2017 年）

资料来源：笔者根据《中国城市建设统计年鉴》相关数据绘制

3.1.2 城市公共基础设施分行业投资情况分析

随着社会经济的发展，城市公共基础设施包含的内容也不断在扩大。从人和物之间的传递方面看，城市基础设施可以分为多个层次：第一层是交通运输设施，可以通过运输人或物，实现人或物之间的位置转换；第二层是水务设施和能源设施，包括给排水设施、污水处理设施、电网设施、天然气和煤气设施，为城市居民提供基本的水、电等生活设施；第三层是通信设施，包括电话、电视、网络等设施，为促进人与人之间的交流、与外界之间的联系提供便利。每一层次的增加都使得城市公共基础设施内容逐渐丰富，成为一个统一的系统。

在本小节城市公共基础设施分行业的分析研究中，受到数据的限制，本部分主要以电力、燃气及水的供给、交通运输业、生态环卫及服务业三大类作为行业投资情况分析对象。其中，电力、燃气及水的供给投资主要包括城市市政公用设施建设固定资产投资的供水投资额、燃气投资额、集中供热投资额；交通运输业投资额主要包括轨道交通投资额、道路桥梁投资额以及地下综合管廊投资额（2008 年及以前年份，"轨道交通"投资为"公共交通"，2009 年以后仅包含轨道交通建设投资）；生态环卫及服务业投资额主要包括排水投资额、防洪投资额、城市园林绿化投资额以及城市环境卫生服务投资额。

表 3-2　1978—2017 年中国主要城市公共基础设施投资及其比例

计量单位：亿元

年份	电力、燃气及水的供给		交通运输业		生态环卫及服务业	
	投资额	占基础设施总投资比 (%)	投资额	占基础设施总投资比 (%)	投资额	占基础设施总投资比 (%)
1978	4.70	39.17	2.90	24.17	-	-
1979	4.00	28.17	4.90	34.51	1.80	12.68
1980	6.70	46.53	7.00	48.61	0.00	0.00
1981	6.00	30.77	6.60	33.85	3.80	19.49
1982	7.60	27.94	8.50	31.25	5.10	18.75
1983	8.40	29.79	9.30	32.98	5.80	20.57
1984	11.10	26.62	16.90	40.53	7.70	18.47
1985	16.30	25.47	24.60	38.44	11.80	18.44
1986	26.80	33.46	26.10	32.58	13.80	17.23
1987	28.10	31.12	32.60	36.10	15.70	17.39
1988	34.30	30.30	41.60	36.75	17.60	15.55
1989	34.50	32.24	37.80	35.33	16.50	15.42
1990	44.20	36.47	40.40	33.33	16.70	13.78
1991	55.00	32.18	61.60	36.04	26.70	15.62
1992	73.60	25.99	105.50	37.25	37.50	13.24
1993	104.70	20.07	213.90	40.99	66.70	12.78
1994	122.80	18.44	304.90	45.78	75.40	11.32
1995	145.30	17.99	322.50	39.93	93.60	11.59
1996	174.40	18.38	393.00	41.43	115.90	12.22
1997	204.30	17.88	475.60	41.62	171.60	15.02
1998	243.00	16.45	702.30	47.53	305.40	20.67
1999	218.80	13.75	763.00	47.98	329.20	20.69
2000	213.30	11.28	893.40	47.25	418.70	22.15
2001	244.90	10.41	1051.30	44.70	508.80	21.63
2002	259.30	8.30	1476.00	47.26	714.40	22.87

续表 3-2

计量单位：亿元

年份	电力、燃气及水的供给		交通运输业		生态环卫及服务业	
	投资额	占基础设施总投资比 (%)	投资额	占基础设施总投资比 (%)	投资额	占基础设施总投资比 (%)
2003	315.30	7.07	2323.30	52.06	917.60	20.56
2004	373.40	7.84	2457.20	51.60	919.90	19.32
2005	368.00	6.57	3019.90	53.91	1047.10	18.69
2006	360.10	6.25	3603.90	62.51	1023.40	17.75
2007	393.10	6.12	3841.40	59.85	1218.80	18.99
2008	458.90	6.23	4621.30	62.72	1487.40	20.19
2009	550.98	5.18	6688.15	62.85	2109.72	19.83
2010	717.60	5.37	8508.30	63.67	2752.70	20.60
2011	763.20	5.48	9016.20	64.71	2944.20	21.13
2012	824.90	5.39	9467.00	61.89	3048.90	19.93
2013	950.30	5.81	10810.70	66.12	2834.70	17.34
2014	891.22	5.49	10865.08	66.88	3212.42	19.77
2015	970.40	5.99	11121.15	68.63	2975.38	18.36
2016	954.76	5.47	11938.52	68.38	3337.86	19.12
2017	1025.82	5.31	12715.24	65.79	3611.40	18.69

资料来源：笔者根据《中国城市建设统计年鉴》相关数据计算得出

　　从表 3-2 可知，中国城市公共基础设施内部投资比例存在不合理情况。表 3-2 给出了中国在 1980 年到 2017 年中国主要公共基础设施的投资金额及其占整个城市公共基础设施投资的比重。从表 3-2 可以较为直观地看到，国家对于电力、燃气及水的生产与供给、交通运输业、生态环卫及服务业者三大行业基础设施的投资总额在总体上而言是逐年增加的。仅在个别年份中出现有略低于上一年的情况，大部分年份的投资总额呈现上升趋势。

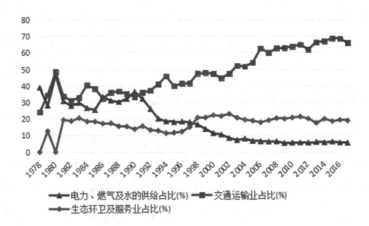

图 3-4　城市公用基础设施分行业占基础设施固定资产投资总额权重（1978—2017）

资料来源：笔者根据《城市建设统计年鉴》相关数据计算绘制

结合表 3-2、图 3-4 可以看到，国家十分重视生产性基础设施的投资建设。尤其对交通运输业的公共基础设施进行重点投资，投资占城市公共基础设施固定资产总投资的一半以上，由最初 1978 年占基础设施总投资比的 24.17%，到 2017 年增加到了 65.79%，呈现逐年上升的趋势，尤其从 2001 年开始，一直到 2016 年，交通运输业的投资权重呈直线上升趋势；电力、燃气及水的供给投资在 1978 年至 1990 年均保持较高的比重，并且 1978 年占基础设施总投资比为三大类基础设施中最高的，达到了 39.17%，在 1990 年以后呈现下滑趋势，至 2017 年占比从 13.75% 降到了 5.31%，是三大行业中降低幅度最大的基础设施；生态环卫及服务业投资额占比波动幅度较小，除了 1992 年至 1998 年占比在 15% 左右，其余年份均保持在 20% 上下波动。

因此，可以看到，在改革开放初期，电力、煤气及水的生产与供给相关基础设施是国家重点投资对象，其次为交通运输基础设施，投资比重最低的为生态环卫及服务业基础设施。从 1991 年开始，中国对电力、燃气及水的供给基础设施投资占比情况与交通运输业基础设施的投资占比情况出现了调换，国家将重点投资对象放在了交通运输基础设施上面；而在 1997 年，中国对电力、燃气及水的供给基础设施的投资持续降低，与生态环卫及服务业相关的基础设施投资占比情况出现了交叉，生态环卫及服务业基础设施投资占总体基础设施投资占比首次超过电力、燃气及水的供给基础设施投资占比。

从 1978 年到 2017 年的基础设施行业投资情况对比情况来看，得到以下几点结论：首先，可以看到中国对城市交通的重视程度逐渐提高，从城市交通基础设施的溢出效应也可以知道国家的经济增长有很大一部分得益于城市交通基础设施的发展，因此加强交通基础设施的建设运营是十分有必要的。其次，在 1998 年之前，排水、污水处理、防洪、园林绿化、市容环境等基础设施的投入严重不足，其所占基础设施的固定资产投资总额权重在 10% 至 20% 左右波动，而在 1998 年之后首次超过电力、燃气及水的供给基础设施的投资占比。可见，城市环境污染的问题随着城市的不断发展而愈发的严重，国家也开始逐步重视城市环境污染的建设；最后对于电力、燃气及水的生产与供给基础设施的投资情况，可以看到国家在改革开放之初是十分重视其发展水平的，随着电力、燃气及水的生产与供给相关基础设施的普及，之后对其所占基础设施固定资产投资总额权重呈下滑趋势，其权重一直稳定在 20% 左右，投资占比增长十分缓慢。

3.1.3 城市公共基础设施投资区域差异分析

中国城市公共基础设施投资的空间布局差异很大，中国的东、中、西部三大区域的城市基础设施的投资规模、基础设施配备存在较大的差异，基础设施的投资分布严重不平衡。

经整理并计算得出中国在 2017 年东、中、西三大地区对于城市基础设施的总固定资产投资及三个主要行业的基础设施（电力、燃气及水的生产与供应、交通运输业、生态环卫及服务业）投资情况如表 3-3 所示。

表 3-3 2017 年中国东、中、西部主要城市公共基础设施投资情况及比较

计量单位：亿元

行业	东部		中部		西部		
	投资额	比重 (%)	投资额	占东部比重 (%)	投资额	占东部比重 (%)	占中部比重 (%)
基础设施固定资产投资	9546.93	100	5648.72	59.0	4131.96	43.3	73.1
电力、燃气及水的生产与供应	824.42	100	461.35	56.0	324.25	39.3	70.3
交通运输业	6066.70	100	3661.55	60.4	2986.99	49.2	81.6
生态环卫及服务业	1896.71	100	1145.65	60.4	569.05	30.0	49.7

资料来源：笔者根据《中国城市建设统计年鉴》相关数据计算得出

注：东部地区包括：北京、天津、河北、辽宁、上海、江苏、浙江、福建、山东、广东、广西和海南 12 省、自治区的城市和直辖市；中部地区包括：山西、内蒙古、吉林、黑龙江、安徽、江西、河南、湖北、湖南 9 个省、自治区的城市和直辖市；西部地区包括：重庆、四川、贵州、云南、西藏、陕西、甘肃、宁夏、青海、新疆 10 个省、自治区的城市和直辖市。本数据不包括香港特别行政区、澳门特别行政区及台湾地区。

就城市基础设施区域投资情况而言，东、中、西部这三大地区的投资规模大小、基础设施项目结构都存在巨大的差异（见表 3-3）。中部地区的城市基础设施投资总额是东部地区基础设施投资总额的 59%，西部地区基础设施的投资总额仅为东部地区基础设施投资总额的 43.3%，为中部地区基础设施投资总额的 73.1%。其中，中部地区的主要城市基础设施行业投资额也仅仅为东部地区的一半左右（主要城市基础设施包括：电力、燃气及水的生产供应，交通运输业，生态环卫及服务业）；而西部地区电力、燃气及水的生产与供应基础设施的投资额仅为东部地区基础设施投资额的 39.3%，交通运输业基础设施投资额为东部地区基础设施投资额的 49.2%，生态环卫及服务业基础设施投资仅为东部地区投资的 30%。

同样可以看到，西部地区的基础设施投资额也与中部地区基础设施的投资额存在一定差距。西部地区电力、燃气及水的生产与供应基础设施的投资额仅

为中部地区基础设施投资额的 70.3%，交通运输业基础设施投资额为中部地区基础设施投资额的 81.6%，生态环卫及服务业基础设施投资仅为东部地区投资的 49.7%。

可见，中国城市公共基础设施的投资情况大体上与中国区域经济发展状况以及其地理特征相一致。总体上来看，中国东部地区经济发达、人口密集、地势以平原为主，具有完善的基础设施系统，其中就包含了发达的交通运输网络和地下管道网；中部地区以丘陵为主，且有黄河、长江的支流经过，地下水十分充足，有较为发达的水务设施系统；西部地区人口稀少，水资源缺乏，以山地、高原地势为主，阻碍了交通运输网的开拓，给水、排水管网设施更是不足。东、中、西部地区城市基础设施投资的不平衡制约了中国整体经济的发展，决定了中国在相当长的一段时间里需要重点发展中、西部地区的城市建设。

◎ 3.2 中国城市公共基础设施现有存量情况

3.2.1 城市公共基础设施分行业现有存量情况

在本小节城市基础设施现有存量的分析研究中，采用工程性的城市基础设施，也即世界银行给出的经济型基础设施，为分类研究对象。主要为能源供应设施、给水排水设施、交通运输设施、邮电通信设施、环境保护设施、防灾安全设施等工程设施。

根据现有数据并进行整理，表 3-4、表 3-5 给出了中国从 1987 年至 2017 年的主要城市公共基础设施系统现有存量。其中，水务基础设施主要包括了城市供水、排水管道；能源基础设施主要包括了城市燃气管道（包括人工煤气管道、天然气管道、液化石油气管道）、城市集中供热管道（蒸汽供热管道、热水供热管道）；交通基础设施主要包括了建成轨道交通线路和道路。

表 3-4 1978—2017 年中国主要城市公共基础设施现有存量（一）

计量单位：公里

年份	水务基础设施		能源基础设施		交通基础设施	
	供水管道长度	排水管道长度	城市燃气管道长度	城市集中供热管道长度	建成轨道交通线路长度	道路长度
1978	35984	19556	4717	–	23	26966
1979	39406	20432	5197	–	23	28391
1980	42859	21860	5619	–	23	29485
1981	46966	23183	5889	359	23	30277
1982	51513	24638	6356	528	23	31934
1983	56852	26448	7116	653	23	33934
1984	62892	28775	9318	832	47	36410
1985	67350	31556	10567	1030	47	38282
1986	72557	42549	10399	1518	47	71886
1987	77864	47107	17115	1739	47	78453
1988	86231	50678	19214	2402	47	88634
1989	92281	54510	21297	3079	47	96078
1990	97183	57787	23628	3257	47	94820
1991	102299	61601	26235	4608	47	88791
1992	111780	67672	29418	4592	47	96689
1993	123007	75207	32841	5693	47	104897
1994	131052	83647	37282	7069	47	111058
1995	138701	110293	44000	9365	63	130308
1996	202613	112812	60000	33589	63	132583
1997	215587	119739	67764	32500	63	138610
1998	225361	125943	72612	34308	81	145163
1999	238001	134486	81482	38239	81	152385
2000	254561	141758	89458	43782	117	159617
2001	289338	158128	100479	53109	172	176016
2002	312605	173042	113823	58740	200	191399

续表 3-4

计量单位：公里

年份	水务基础设施		能源基础设施		交通基础设施	
	供水管道长度	排水管道长度	城市燃气管道长度	城市集中供热管道长度	建成轨道交通线路长度	道路长度
2003	333289	198645	130211	69967	347	208052
2004	358410	218881	147949	77038	400	222964
2005	379332	241056	162109	86110	444	247015
2006	430426	261379	189491	93955	621	241351
2007	447229	291933	221103	102986	775	246172
2008	480084	315220	257846	120596	855	259740
2009	510399	343892	273461	124807	838.88	269141
2010	539778	369553	308680	139173	1428.87	294443
2011	573774	414074	348965	147338	1672.42	308897
2012	591872	439080	388941	160080	2005.53	327081
2013	646413	464878	432370	178136	2213.28	336304
2014	676727	511179	474600	187184	2714.79	352333
2015	710206	539567	528387	204413	3069.23	364978
2016	756623	576617	578260	213570	3586.34	382454
2017	797355	630304	641169	276288	4594.26	397830

注："-"为缺少数据

资料来源：笔者根据《中国城市建设统计年鉴》相关数据计算得出

从表 3-4 可以看到，由于生活用水和排水一直是国民赖以生存的必备生活条件，因此，国家对城市给水、排水基础设施的建设从改革开放初期就一直保持较高的建设水平，对于城市供水和排水管道的建设一直保持逐年增加的建设水平。在这 40 年的发展时间里，供水管道长度达到了 22.1 倍的增长，排水管道长度达到了 32.2 倍的增长，保持直线上涨趋势。

随着国家经济水平的逐渐提高，对于城市能源基础设施建设也逐渐增加，家家户户均能用上天然气、燃气等热能，以及为保证北方等寒冷地区的室内供暖条件，为北方城市提供暖气管道等，国家对这部分的能源基础设施建设也逐步加强，并且逐步赶上城市供水和排水管道长度的建设，以达到和供水、排水管道普及率相同的情况，更方便城市居民的生产与生活。

　　轨道交通很早就作为公共交通在城市中出现，起着越来越重要的作用。很多发达国家对于城市轨道交通建设方面早于中国，从表 3-4 中可以看到中国建成轨道交通在 2000 年才逐渐呈现飞跃式发展，由最初 1978 年的 23 公里到 2017 年的 4594.26 公里，达到了近 200 倍的增长。同时，中国对于轻轨和地铁的建设远远超过了美国等发达国家的建设，无论是在轨道交通基础设施建设的舒适度、车辆行驶速度、费用等方面均优于其他国家。对于交通基础设施建设方面，道路的建设也存在飞跃式的发展，从根本上改善了城市公共交通状况，由最初的 26966 公里发展到了 397830 公里，涨幅达到了 1375%，呈直线上涨趋势。

表 3-5　1978-2017 年中国主要城市公共基础设施现有存量（二）

年份	防灾基础设施	生态环境基础设施				
	防洪堤长度（公里）	污水处理厂（座）	无害化处理厂（座）	公厕数量（座）	公园绿地面积（公顷）	市容环卫专用车辆设备总数（台）
1978	3443	37	–	–	–	–
1979	3670	36	12	54180	–	5316
1980	4342	35	17	61927	–	6792
1981	4446	39	30	54280	21637	7917
1982	5201	39	27	56929	23619	9570
1983	5577	39	28	62904	27188	10836
1984	6170	43	24	64178	29037	11633
1985	5998	51	14	68631	32766	13103
1986	9952	64	23	82746	42255	19832
1987	10732	73	23	88949	47752	21418
1988	12894	69	29	92823	52047	22793
1989	14506	72	37	96536	52604	25076
1990	15500	80	66	96677	57863	25658

续表 3-5

| 年份 | 防灾基础设施 | 生态环境基础设施 | | | | |
	防洪堤长度（公里）	污水处理厂（座）	无害化处理厂（座）	公厕数量（座）	公园绿地面积（公顷）	市容环卫专用车辆设备总数（台）
1991	13892	87	169	99972	61233	27854
1992	16015	100	371	95136	65512	30026
1993	16729	108	499	97653	73052	32835
1994	16575	139	609	96234	82060	34398
1995	18885	141	932	113461	93985	39218
1996	18475	309	574	109570	99945	40256
1997	18880	307	635	108812	107800	41538
1998	19550	398	655	107947	120326	4297
1999	19842	402	696	107064	131930	44238
2000	20981	427	660	106471	143146	44846
2001	23798	452	741	107656	163023	50467
2002	25503	537	651	110836	188826	52752
2003	29426	612	575	107949	219514	56068
2004	29515	708	559	109629	252286	60238
2005	41269	792	471	114917	283263	64205
2006	38820	815	419	107331	309544	66020
2007	32274	883	458	112604	332654	71609
2008	33147	1018	509	115306	359468	76400
2009	34698	1214	567	118525	401584	83756
2010	36153	1444	628	119327	441276	90414
2011	35051	1588	677	120459	482620	100340
2012	33926	1670	701	121941	517815	112157
2013	－	1736	765	122541	547356	126552
2014	－	1807	818	124410	582392	141431
2015	－	1944	890	126344	614090	165725
2016	－	2039	940	129818	653555	193942
2017	－	2209	1013	136084	688441	228019

注："-"为缺少数据，其中自 2013 年起，《中国城市建设统计年鉴》不再统计防洪堤长度数据

资料来源：笔者根据《中国城市建设统计年鉴》相关数据计算得出

表 3-5 给出了中国 1978 年至 2017 年的防灾基础设施和生态环境基础设施的现有存量情况。其中受到数据的影响，防灾基础设施只有防洪堤长度，并且从 2013 年起也不提供相关数据了，所以相应资料较少。生态环境基础设施的现有存量数据主要包含了污水处理厂、无害化处理厂、公厕、公园绿地面积以及市容环卫专用车辆设备的数量。

通过表 3-5，可以看到，城市的公园绿地面积和市容环卫专用车辆呈直线上涨趋势。同时，还能看到城市的公园绿地面积在 2000 年以后涨幅大于前 20 年的增长幅度；城市市容环卫专用车辆设备总数在 2008 年之后呈现较大的涨幅；对于城市公厕的数量，虽然增长较平缓，但整体也呈现上涨趋势。由此可见，国家在进入 21 世纪后，对于城市市容环境卫生是十分看重的，相比改革开放初期的 20 年，近 20 年的城市市容具有跨越式的发展。

为了更好地对城市生态环境基础设施中的污水处理厂和无害化处理厂的现有存量进行分析，构建了图 3-5。

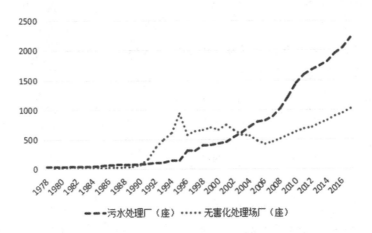

图 3-5　城市污水处理厂与无害化处理厂数量对比分析

资料来源：笔者根据《城市建设统计年鉴》相关数据计算绘制

可以看到，在图 3-5 中，污水处理厂在 1994 年之前呈现较慢的增长速度，在 1995 年之后呈现较快的增长速度，保持直线上涨的趋势，特别是 2008 年之后增长幅度更快，到 2008 年突破了 4 位数。至 2017 年，全国城市有 2209 座污水处理厂，在近十年的时间里，污水处理厂数量呈现直线上涨的增长状态；而无害化处理厂整体增长速度不及污水处理厂的增长速度。然而，在 1990 年至 2000 年有一个较高的增长幅度，甚至高于污水处理厂的水量，可见在此期间，有害垃圾呈现了一个爆发式的增长。同时，还可以看到在 1995 年无害化处理厂的数量与 2015 年相近，呈现了一定程度的倒退情况，可见国家对于无害化处理厂的重视程度要远低于污水处理厂的重视程度。

3.2.2 城市公共基础设施分区域现有存量情况

通过 3.1.3 小节对对中国城市公共基础设施投资的区域差异分析可以看到东、中、西部地区的城市公共基础设施投资分配差异很大。本小节同样通过从东、中、西部地区分别对 2017 年城市公共基础设施现有存量进行分析，探讨是否仍然存在较大差异。

表 3-6、表 3-7、表 3-8 分别描述了 2017 年中国分区域（东部、中部、西部）的水务基础设施和能源基础设施、交通运输基础设施、生态环境基础设施等主要基础设施现有存量情况。

表 3-6　2017 年中国水务基础设施和能源基础设施分区域现有存量情况

地区		水务基础设施		能源基础设施					
		供水管道长度（公里）	水厂数（座）	供气管道长度（公里）				汽车加气站（座）	
				天然气	液化石油气	人工煤气	集中供热	天然气	液化石油气
东部地区	北京	27490	70	26186	411	–	–	97	–
	天津	18552	32	20705	–	–	24951	49	–
	河北	18712	146	23533	164	1673	30355	196	–
	辽宁	35335	153	25042	363	4766	49467	115	44
	上海	37643	36	30387	263	–	–	24	31
	江苏	93316	132	71881	201	–	–	279	6

续表 3-6

地区		水务基础设施		能源基础设施					
		供水管道长度（公里）	水厂数（座）	供气管道长度（公里）				汽车加气站（座）	
				天然气	液化石油气	人工煤气	集中供热	天然气	液化石油气
东部地区	浙江	69182	120	39096	1727	111	–	119	7
	福建	21142	84	9512	253	91	–	74	1
	山东	53963	282	55980	158	–	60975	530	50
	广东	103269	279	31346	1307	–	–	158	41
	广西	18527	70	5512	2	469	–	53	–
	海南	6014	17	3046	–	–	–	36	5
地区均值		41929	118	28519	485	1423	41437	144	23
中部地区	山西	10548	72	14774	121	851	12403	71	–
	内蒙古	9304	83	9680	8	502	12998	97	7
	吉林	12001	75	10060	63	337	25682	121	21
	黑龙江	15885	111	9610	19	305	19477	144	32
	安徽	27139	68	23763	141	–	681	172	–
	江西	18621	67	12553	121	550	–	32	2
	河南	24419	132	22683	15	241	10143	181	11
	湖北	32796	123	31819	253	–	289	170	10
	湖南	25083	87	17025	27	–	–	80	6
地区均值		19533	91	16885	85	464	11668	119	13
西部地区	重庆	17789	89	22320	–	–	123	–	–
	四川	40197	157	49338	394	–	209	2	–
	贵州	14453	66	6414	101	9	19	3	–
	云南	13258	95	5947	80	255	27	–	–
	西藏	1640	12	3450	2	34	–	7	–
	陕西	9520	68	16567	3	3472	142	–	–
	甘肃	5803	41	3140	–	4822	101	8	–

续表 3-6

地区		水务基础设施		能源基础设施						
		供水管道长度（公里）	水厂数（座）	供气管道长度（公里）				汽车加气站（座）		
				天然气	液化石油气	人工煤气	集中供热	天然气	液化石油气	
西部地区	青海	2709	13	2244	-	-	1934	29	-	
	宁夏	2833	26	6279	1	-	6632	96	-	
	新疆	10206	74	13358	0.26	-	11709	307	1	
地区均值		11841	64	12906	83.26	-	3608	117	4	

资料来源：笔者根据《中国城市建设统计年鉴》相关数据计算得出

通过表 3-6 可知，中国东、中、西部地区的水务基础设施和能源基础设施存在一定的差异。其中，对于供水管道长度和水厂座数来说，东部地区的供水管道长度和水厂座数地区均值分别为 41929 公里和 118 座，中部地区的供水管道长度和水厂座数地区均值分别为 19533 公里和 91 座，西部地区的供水管道长度和水厂数地区均值分别为 11841 公里和 64 座。东部地区的供水管道长度是中部地区的 2.1 倍，水厂个数是中部地区的 1.3 倍；分别是西部地区供水管道长度和水厂个数的 3.5 倍和 1.8 倍。

表 3-6 中的能源基础设施中，供气管道基础设施主要由天然气、液化石油气、人工煤气、集中供热管道组成，由于受到中国地域的影响，西部地区的省份没有人工煤气管道，冬季温度较高的省份（如广东、广西、海南、四川、重庆等）以及部分沿海城市（上海、江苏、浙江等）不需要集中供热管道。能源基础设施中的汽车加气站中，东部、中部、西部地区的基础设施情况差异不是很明显，不过仍然是保持东部地区的加气站要比中部地区的加气站多的趋势，中部地区的加气站数量基本与西部地区的加气站数量持平。

表3-7 2017年中国交通运输基础设施分区域现有存量情况

地区		城市轨道交通			城市道路和桥梁			
		线路长度（公里）	车站（个）	配置车辆（辆）	道路长度（公里）	桥梁（座）	道路照明灯（盏）	地下综合管廊长度（公里）
东部地区	北京	608	370	5342	8437	2276	236111	61
	天津	175	129	744	7942	1007	369753	15
	河北	30	26	198	15747	1523	935027	57
	辽宁	309	152	586	17079	1741	1287607	56
	上海	669	390	4750	5224	2688	579059	62
	江苏	585	369	2469	47112	15250	3538412	242
	浙江	185	120	366	21773	10957	1555711	572
	福建	–	–	–	11427	1902	813148	235
	山东	34	44	151	43580	5440	1941822	576
	广东	812	488	3307	39274	7056	2557454	144
	广西	53	43	51	9064	973	695594	67
	海南	–	–	–	2806	205	174336	74
地区均值		346	213	1796	19122	4252	1223670	180
中部地区	山西	–	–	–	8201	1298	545484	24
	内蒙古	–	–	–	10035	386	584422	67
	吉林	18	15	–	9083	904	437966	298
	黑龙江	23	23	102	12369	1139	632056	27
	安徽	52	47	324	13997	1601	946638	106
	江西	8	7	72	10289	918	706099	97
	河南	103	60	106	13876	1425	948270	114
	湖北	284	228	1420	19021	2082	800346	280
	湖南	69	46	61	10882	923	666205	311
地区均值		79	61	348	11972	1186	696387	147

续表 3-7

地区		城市轨道交通			城市道路和桥梁			
		线路长度（公里）	车站（个）	配置车辆（辆）	道路长度（公里）	桥梁（座）	道路照明灯（盏）	地下综合管廊长度（公里）
西部地区	重庆	263	156	1372	9364	1720	584172	18
	四川	179	137	1110	16077	2557	1344947	242
	贵州	–	–	–	4345	705	493482	25
	云南	89	59	86	6062	756	500123	286
	西藏	–	–	–	688	34	26060	43
	陕西	39	26	36	7886	801	723615	369
	甘肃	9	9	10	4890	629	318333	36
	青海	–	–	–	1117	210	131213	164
	宁夏	–	–	–	2324	216	247589	31
	新疆	–	–	–	7864	494	615235	147
地区均值		115.8	77.4	522.8	6061.6	812.2	498476.9	136.2

资料来源：笔者根据《中国城市建设统计年鉴》相关数据计算得出

  表 3-7 比较了 2017 年中国东部、中部、西部地区的交通基础设施现有存量的情况。其中在轨道交通中，主要包含了地铁、轻轨、单轨、有轨、磁浮这五种轨道交通。对于轨道交通基础设施来说，东部地区仍然占大部分，明显要高于中部地区和西部地区的轨道交通建设。然而，对于西部地区的城市轨道交通来说，受到四川、重庆、云南等复杂的地理情况的影响，轨道建设、轨道交通车站个数、配置相关车辆数均要略高于中部地区的城市轨道交通建设。

  在城市道路和桥梁基础设施中，东部地区、中部地区、西部地区的城市基础设施建设存在阶梯式递减关系。城市道路建设方面，东部地区平均道路长度为 19122 公里，是中部地区均值 11927 公里的 1.6 倍，是西部地区均值 6061.6公里的 3.15 倍；城市桥梁建设方面，东部地区平均有 4252 座桥梁，是中部地区桥梁均值 1186 座的 3.57 倍，是西部地区桥梁均值 812 座的 5.23 倍；在道路照明灯数量方面，东部地区平均平均有 1223670 盏，是中部地区均值 696387盏的 1.75 倍，是西部地区均值的 498476 盏的 2.45 倍；对于地下综合管廊的建设东部、中部、西部地区的差异并不明显。

表 3-8 2017 年中国生态环境及服务基础设施分区域现有存量分析

地区		排水、污水处理		园林绿化		市容环境卫生		
		排水管道长度（公里）	污水处理厂（座）	绿化覆盖面积（公顷）	公园个数（个）	无害化处理厂（座）	公厕数（座）	市容环卫专用车辆设备（台）
东部地区	北京	16794	67	88844	300	24	5275	11520
	天津	21240	47	49945	135	9	1475	4725
	河北	18332	85	100173	713	53	5450	9329
	辽宁	20372	102	197627	496	39	4172	7822
	上海	19766	51	147063	224	15	6221	8583
	江苏	76886	196	319594	1107	67	12934	16820
	浙江	45674	88	177783	1252	71	7883	8255
	福建	15335	66	77876	636	29	3924	3981
	山东	60278	189	267944	1090	83	6547	18314
	广东	70242	273	519557	3219	80	10582	20472
	广西	12305	46	97095	254	26	1552	7987
	海南	4399	23	16666	85	11	697	5944
地区均值		31802	103	171680	793	42	5559	10313
中部地区	山西	7645	38	70964	316	25	2380	5545
	内蒙古	12923	44	71491	296	27	6448	4632
	吉林	10932	45	54480	306	16	3417	6548
	黑龙江	11990	67	76594	371	33	5719	8315
	安徽	29108	66	121253	432	39	3467	5938
	江西	15469	47	69027	468	21	2242	3838
	河南	23624	100	115081	438	47	8593	14511
	湖北	25857	85	100310	420	47	5173	13264
	湖南	16479	66	78722	337	32	3576	5018
地区均值		17114	62	84214	376	32	4557	7512

续表 3-8

地区		排水、污水处理		园林绿化		市容环境卫生		
		排水管道长度（公里）	污水处理厂（座）	绿化覆盖面积（公顷）	公园个数（个）	无害化处理厂（座）	公厕数（座）	市容环卫专用车辆设备（台）
西部地区	重庆	17335	51	67175	418	25	4115	3418
	四川	28502	130	121490	588	48	5893	7620
	贵州	7194	51	65758	168	21	2109	4732
	云南	13616	42	50720	775	28	5091	3933
	西藏	651	7	5412	36	5	360	412
	陕西	9704	42	81391	259	22	5350	4226
	甘肃	6428	24	30691	156	23	1694	4021
	青海	1907	11	6603	45	8	698	697
	宁夏	1904	19	28527	79	12	759	1852
	新疆	7411	41	74548	214	27	2288	5747
地区均值		9465	42	53232	274	22	2836	3666

资料来源：笔者根据《中国城市建设统计年鉴》相关数据计算得出

表 3-8 给出了中国 2017 年生态环境及服务基础设施的现有存量情况，可以看到，中国东部、中部、西部的生态环境及服务基础设施建设同样呈现阶梯式递减的情况。

在排水和污水处理方面，东部地区平均排水管长度为 31802 公里，是中部地区排水管道长度均值 17114 公里的 1.86 倍，是西部地区排水管道长度均值 9645 公里的 3.36 倍；东部地区污水处理厂平均有 103 座，是中部地区处理厂均值 62 座的 1.66 倍，是西部地区均值 42 座的 2.5 倍。在园林绿化方面，东部地区的平均绿化覆盖面积达到了 171680 公顷，是中部地区绿化覆盖面积均值 84214 公顷的 2 倍，是西部地区绿化覆盖面积均值 53232 公顷的 1.58 倍；东部地区的公园数量均值达到了 793 个，是中部地区平均公园数 376 个的 2 倍，是西部地区公园平均公园数 274 个的 2.89 倍；在市容环境卫生方面，东部地区的无害化处理厂、公厕数量以及市容环卫专用车辆数基本是中部地区基础设施的 1 倍以上，是西部地区基础设施建设的 2 倍左右。

通过对中国 2017 年东部地区、中部地区、西部地区的城市公共基础设施现有存量的比较，可以看到，中国的城市公共基础设施基本上和中国区域经济发展和地理特征相适应。东部地区城市经济发达、人口密集，具有良好的城市公共基础设施条件，尤其对于城市轨道交通建设，东、中、西部地区差异更为明显；西部地区地广人稀，经济较为落后，其复杂的地理特征对于城市轨道交通的建设带来较大的困难，因此交通基础设施的建设较为落后；中部地区平均经济水平低于东部地区同时又高于西部地区，在中部地区的交通基础设施建设以及其他人工煤气等能源设施和其他设施均要略高于西部地区。

◎ 3.3 中国城市公共基础设施建设投资存在的问题

随着经济的飞速发展，国家花费了越来越多的成本投资城市公共基础设施，整体投资水平也随着国内生产总值的提升存在一定程度的上涨。然而，通过对中国城市公共基础设施的投资和现有存量来看，城市公共基础设施投资建设仍存在一定的问题，具体体现的以下几个方面。

3.3.1 城市公共基础设施建设投资资金缺口较大

虽然中国城市公用设施建设固定资产从 1978 年的 12 亿元增加到了 2017 年的 19327 亿元，所占社会固定资产投资的比重由 1980 年的 1.79% 增加到了 2017 年的 3.01%（见表 3-1），但是离联合国在世界银行的《世界发展报告》中建议的 9% ～ 15% 仍然有很大的差距，总体来看，我国城市公共基础设施投资规模仍然是比较滞后的。

可以看到，中国城市公共基础设施投资离联合国在世界银行的《世界发展报告》中建议的 9% ～ 15% 仍然存在很大的差距，但是中国城市公共基础设施建设正在不断地发展。目前，中国已经成为世界上城市公共基础设施投资水平和质量都较高的国家，尤其是近几年以来，中国城市公共基础设施建设实现了飞跃式地发展。西北部等偏远地区的交通、通信、电力等基础设施更是得到了较好的改善和发展。

总体来说，中国大部分的重要基建工程已经建成，城市公共基础设施建设投资高峰期已经过去。据《全球基础设施展望》报告统计，预计到 2040 年，全球基础设施投资资金缺口最大的要数美洲和非洲的国家。其中，美洲地区的投资需求要高于预测结果的 47%，非洲的投资需求要高于预测结果的 39%，即便如此，它们的绝对市场规模仍然只占全球份额的 6%。

就国家而言，在全球基础设施投资需求中，位居前四位的中国、美国、日本、印度就达到了 50% 以上。并且在这四国中，中国的建设投资需求就达到了 30%。以中国铁路基础设施投资为例：从 2008 年开始，中国铁路基础设施投资大幅度增长，从每年递增 2000 亿元到 2010 年 8000 亿元，增长幅度如此之大，导致在 2010 年之后出现了饱和状态，直至停止扩大投资规模，增长乏力[109]。由此可见，中国城市公共基础设施投资陷入资金缺口大与投资增长乏力的双重矛盾之中。

3.3.2 城市公共基础设施内部投资结构不合理

从城市共基础设施投资结构来看，到 2017 年，中国交通、运输、仓储及邮电通信业的投资占基础设施固定资产投资额的比重达到了 65.79%，生态环卫服务业只占 18.69%，电力、煤气及水的生产与供应仅占 5.31%（见表 3-2）。

从全国整体公共基础设施投资内部结构来看，可以将城市公共基础设施分为经济类基础设施（包括交通基础设施、能源基础设施等）和非经济类基础设施（包括生态环卫基础设施、教育基础设施等）。可以看到，对于经济类的基础设施，国家常以重点投资项目进行投资建设。

交通基础设施历年来都是城市公共基础设施投资中的重点项目，并且对该类的基础设施投资保持逐年上升的趋势，至 2017 年中国城市交通基础设施投资额就达到了 12715 亿元。在交通基础设施当中，公路和铁路是基础设施投资的重点内容。在城市建设中，东部地区和部分中部地区的城市及轨道交通的建设也是重点投资领域；而在部分东部地区和西部地区，城市公路和铁路基础设施为重点投资领域。

能源供应基础设施也是经济类基础设施，也是居民生产和生活的重要物质基础。从表 3-2 中可以看到，在 1978 年中国电力、燃气、水的供给类基础设施占基础设施总投资比的 39.17%，是中国主要城市公共基础设施投资重要组成部分。然而，随着能源基础设施逐渐达到了饱和，之后中国对于主要能源基础设施的投资逐渐减少，到 2017 年，占比仅为 5.31%。

作为非经济类基础设施的典型代表，生态环卫以及服务业基础设施的总投资占比一直为较低水平。由于生态环卫等基础设施只能通过政府补贴，没有额外的资金收入来源，因此，在 1997 年以前生态环卫及服务基础设施的投资水平一直保持在 15% 左右，随着城市生态环境受到一定程度的破坏，在 1998 年之后对其投资占比有一定的增长。然而，近 20 年来，总投资占比也仅为 20% 左右。

这种重经济类基础设施、轻非经济类基础设施的举措，同时又在经济类基础设施中把适应性基础设施放在首位、对保护性基础设施放在次要位置进行投资的做法将导致各种城市问题的出现。如，水污染越来越严重，洪灾、沙尘暴次数越来越多，雾霾越来越严重，严重降低了人们的生活质量水平。因此，有必要优化城市基础设施投资结构，减少城市问题，保证城市的社会效益、经济效益、环境效益得以可持续发展。

3.3.3 城市公共基础设施投资区域不平衡

2017 年，中部地区固定基础设施的投资总额为东部地区的 59%，西部地区固定基础设施的投资总额仅为东部地区的 43.3%（见表 3-3），为中部地区的 73.1%，中部地区城市基础设施投资不管在电力、燃气及水的生产与供应方面还是在交通运输和生态环卫及其服务行业的基础设施投资水平仅为东部地区的一半左右；而西部地区投资比例更少，竟然仅为东部地区各类基础设施投资的三分之一。可见，东、中、西部地区的城市基础设施投资存在严重的不平衡。

虽然中国的中、西部地区的城市公共基础设施投资空间要比东部地区大。但是，受到地方经济实力和发展潜力的影响，中国的城市公共基础设施的投资明显趋向于经济发达的东部地区的城市。由于中、西部地区投资力度小，基础设施建设相对薄弱，严重制约着城市的经济发展水平。特别是西部地区的人均道路面积、人均绿化面积、污水处理率、生活垃圾处理率一直处于最低端水平，使得东、中、西部基础设施投资区域不平衡更加明显。

与中部地区城市公共基础设施相比，西部地区的城市公共基础设施更为落后，西部地区地广人稀，游牧民族占了很大一部分，由于居住场所的不确定使得城市公共基础设施建设仅以中心城区为主。加上西部地区自然环境恶劣，对于交通基础设施和通讯基础设施的维护和服务成本也非常之高，受到资金、技术和地理因素的影响，城市公共基础设施的建设显得十分困难。例如，相比东部地区城市和中部地区城市，西部地区城市交通基础设施建设覆盖率远远低于东部和中部地区；相对于经济类基础设施，非经济类基础设施的建设程度也是非常低的，其中西部地区的教育、文化、医疗等非经济类基础设施建设也明显落后于东部和中部地区，由此可见，城市公共基础设施建设的不足扼制了西部地区经济的发展。

◎ 3.4 本章小结

本章通过公开的城市统计年鉴等相关数据统计资料，分别从国家、省、区域层面对城市公共基础设施投资总体和结构以及城市公共基础设施现有存量进行了分析。研究发现，在 1978 年至 2017 年近 40 年的时间里，中国城市公共基础设施建设的改变是巨大的。具体来讲，主要有以下几点：

首先，从改革开放到全面建设小康社会的过程中，国家对城市公用设施的固定资产投资额实现了大幅度的增长，并且基础设施的投资在一定程度上促进了中国国内生产总值的增长。然而，虽然城市公用设施的投资额占同期社会固定资产投资和国内生产总值的比重逐年增长，且占同期社会固定资产投资比重的增长尤为明显。在 2003 年达到最高水平，之后逐年开始降低，虽然在 2008 年到 2010 年出现小幅度的上升趋势，最高占同期社会固定资产投资比重百分比达到了 8%，但是总体的投资比重以下滑趋势为主。在 2017 年，城市市政公用设施建设固定资产投资仅占同期社会固定资产投资比重的 3.01%，仅占同期国内生产总值比重的 2.34%。总体来讲，城市市政公用设施建设固定投资仍存在较大投资缺口，中国的基础设施投资规模仍处于滞后状态，不能同步于城市经济的发展。

其次，探讨了城市公共基础设施投资情况，主要对行业投资情况和区域差异两个方面进行了分析。研究结果表明，国家将投资重点放在了经济效益高的城市交通基础设施建设上，其次放在了能带来较高环境效益的生态环卫及服务业的基础设施建设上，而将带来较高社会效益的电力、燃气及水的供给基础设施建设投资放在末位；在区域基础设施建设上，受到经济、城市环境、人口密度等因素的影响，国家将投资重点放在了东部地区的城市公共基础设施建设上，其次为中部地区、西部地区。

最后，本章节还讨论了现有的城市公共基础设施存量情况。对于城市公共基础设施现有存量的分析，同样与城市公共基础设施投资情况具有相同的特点。

第4章 城市公共基础设施投资优化基础理论研究

本章从理论研究的角度出发，对城市公共基础设施概念的发展历史以及定义、类别进行了详细的描述，同时对城市公共基础设施涉及的相关理论和研究方法进行了阐述。

◎ 4.1 城市公共基础设施概述

国家的经济发展和社会保障都是以城市为根本。城市公共基础设施是城市经济正常运行的支撑体系和物质载体，是促进城市发展的重要标志。一个城市的公共基础设施建设水平体现了这个城市的进步发展水平。著名的世界银行专家 G•英格拉姆认为"城市公共基础设施的能力就代表着这个城市的经济发展程度，基础设施存量每增长 1%，国内生产总值（GDP）就增长 1%。"[110] 可见，提高城市公共基础设施的发展对刺激、促进城市经济增长，提高城市生产率、就业率、城市居民生活水平有显著的影响 [111]。

4.1.1 城市公共基础设施概念的发展

纵观国内外城市公共基础设施的研究发展过程，城市公共基础设施的研究是从基础设施的研究发展而来的。而基础设施的研究是从国民经济整体出发、以经济研究领域为主，研究内容更多涉及的是产业、产品、部门等相关问题。基础设施的概念和理论主要来源于经济学领域。城市公共基础设施，也是基础设施的重要组成部分，只是对其空间范围进行了限定，因此，本部分从基础设施的发展历史来探讨城市公共基础设施的相关概念。

4.1.1.1 早期经济学家对基础设施的认识

"基础设施"一词来源于拉丁文，他的英文名字为 infrastructure，其中

infra 为拉丁文，表示"以下的"的意思，structure 表示"结构、构造、建筑物"的意思。随着人类社会的发展，在工业革命和信息技术革命的推动下，人们对基础设施进行了无数次的重新定义。最早，著名的重农主义经济学家魁奈（F•Quesnay）在 1758 年论述农业资本时提出的"原预付"，此种方式不是货物与资本的即时交付，而是根据损耗的程度每几年交付一次，并且还可以从生产物的价值中获取相应的补偿成本。即所谓的仓库、库房等固定资产[112]，仓库等固定资产的提出奠定了基础设施概念的基础。

亚当•斯密（Adam•Smith）在 1776 年《国民财富的性质和原因的研究》中曾提到为了促进国家经济的发展，有必要通过建设公路、运河、桥梁等建筑以促进城市之间的贸易往来。其在文章中所提到的公路、桥梁、运河等"公共工程"[113]，实质上指的就是基础设施。亚当•斯密在文中对基础设施的经济属性、建设费用来源、日常保养维护方面进行了详细的论述：（1）道路、港口、桥梁的建设将有利于国家商业贸易的发展。（2）公共工程的建设和国家经济的发展相辅相成。一个国家拥有发达的交通运输网络有利于促进国内经济贸易的流动，同样的，如果一个国家经济能力的增加必然会提高国家公共工程的修建和维修的费用；（3）基础设施需要一套完备的费用支持体系。基础设施投资成本大，可以通过收费和征收税收的方式来解决大额的投资成本。比如，公路的建筑费、维修费等费用可以通过收取过路车辆的小额通行税获得投资成本，等等。

到 19 世纪，萨伊（Jean Say）进一步发展了亚当•斯密的观点，他在其消费理论中提出非生产性的消耗包括两个部分：一个是政府的消耗，一个是个人的消耗。萨伊认为在政府的消耗中，公共建设费用不能用于建设宫殿、凯旋门等对公众没有公共效益的建筑，而应该用于建设道路、桥梁、港口等有利于公众生产与消耗的公共建筑。良好的港口运河设施、发达的交通运输网络可以减少土地贫瘠、环境恶劣带来的不利条件。李斯特（Liszt）认为发达的邮政网络、完善的交通运输体系是一个国家生产力发展的源泉，基础设施建设能充分带动人力资源和物力资源的流动，刺激国家经济的发展，不仅能促进资源的充分利用，而且能促进农产品、工业产品的增加。

由于 20 世纪资本主义国家受经济危机的影响，经济学家质疑古典经济理论，推动了凯恩斯主义的兴起。此时，基础设施投资作为政府的重要支出组成部分进入理论研究领域。凯恩斯在《劳埃德·乔治能做到吗？》一文中，主张在面对经济"大危机"时期，公共工程的支出是政府减轻危机带来的重要手段。在面临危机时，政府可以通过加大公共工程的支出增加投资已达到刺激消费、降低失业的概率。

4.1.1.2 发展经济学家对基础设施的认识

从 20 世纪 40 年代开始，受到第二次世界大战的影响，发展中国家纷纷独立，发展经济学家结合发展中国家的实际经济情况提出了许多著名的思想理论。其中，对基础设施进行研究的著名经济学家有罗森斯坦·罗丹、罗格纳·纳克斯、赫希曼、沃尔特·罗斯托等。

作为发展经济学和"平衡增长"理论的先驱——罗森斯坦·罗丹，1943年在《东欧和东南欧国家的工业化问题》一文中提出了大推动理论。罗森斯坦·罗丹认为在投入产出过程中生产函数、需求、储蓄供给的不可分性能提高收益，更有利于提高资金的投入产出比。由于基础设施建设规模大，在建设过程中需要同时配套相关的设施，因此，其建设在时间上具有不可分割的特点。例如，能源、交通、邮电通讯等基础设施建设时间长，投资的资金需要在建设完成后才能逐步收回，并且加上资本的不可逆的特点，使得基础设施的投资需要优先于其他直接生产性投资。因此，在经济发展初期，就需要集中力量，在基础设施建设初期就投入充足的资金建设，只有通过这种大规模地资金投资才能达到基础设施的规模经济效益，实现外在经济效益。

同样的，发展经济学家罗格纳·纳克斯延续了罗森斯坦·罗丹的平衡增长理论，不同的是，他通过"贫困恶性循环"理论提出了推动城市经济平衡增长的思想。纳克斯指出存在两种这样的恶性循环，第一种是由于国民的收入水平低导致他们的消费能力不强，对市场的需求小，导致国家将降低经济的投资力度，而投资力度的减少导致国内资本的流动少，国内资本流动的减少又会导致国民劳动生产率的降低，最终使得国民的收入水平降低；第二种是国民收入水平低将拉低银行存储量，银行存储量的减少将减少国家的资本投资，而资本投资的减少又会降低国民的劳动生产率，从而导致降低国民人均收入水平。为了打破这种恶性循环的现象，罗格纳·纳克斯认为资本是最主要的因素，可以通过增加生产的方式以扩大相关基础设施的投资需求，打开市场，以提高市场的需求弹性，推动国家经济的平衡增长；除此之外，国家还应该确保减少基础设施在建设期不受到外部环境的影响，并且保证其在建设期能合理有效地完工。纳克斯认为社会间接资本不仅仅包括道路交通设施、能源设施、水务设施、电信设施等，还包括文化教育、医疗卫生等设施。可见，社会性基础设施同等的重要。并与罗森斯坦·罗丹持相同的观点，他同样认为政府应当对基础设施的投资建设负责。基础设施投资规模大，只有规模较大的公司才有能力建设基础设施。对于小规模的公司来说，投资基础设施建设成本太大，他们则不愿意对其进行投资建设。因此，在这样一种情况下则需要政府出面，完成基础设施的投资建设。

艾伯特·赫希曼[114]提出了与平衡增长理论相反的观点，他提出了"不平衡增长"理论。他认为平衡增长理论只适用于发达国家，对于发展中国家却不适用，因为发展中国家没有雄厚的资金支持，容易受到资金的限制，因此，发展中国家应该将基础设施的投资建设放在直接生产性活动之后，也即发展中国家应采用不平衡增长战略，重点先对生产性活动相关的部门进行投资，在经济发展到一定阶段后，再利用获得收益的一部分资金用于基础设施的投资，带动基础设施建设。尽管如此，不能因此说明赫希曼将基础设施投资建设看成非常不重要的部分，他同样认为基础设施投资建设是十分重要的，只是不能单纯地通过国家调控投资基础设施建设，而应该以市场为主体，通过市场的调节作用来推动基础设施的建设。

与前面几位学者不同，沃尔特·罗斯托主要研究的是在基础设施建设完成后给国家带来的效益方面，他认为基础设施投资建设能有效地推动经济的发展，并且在《经济成长阶段——非共产党宣言》中提到了基础设施投资建设存在的意义：

第一，基础设施作为促进经济发展、提高劳动生产能力、推动社会变革的前提条件，有必要加强对基础设施的投资建设。

第二，在对基础设施建设的过程中，国家政府起到了非常重要的作用。主要是由于基础设施自身所具备的特征所决定的：（1）基础设施的建设周期长，收益的回收具有一定的滞后性，建设和回收资金不能同步进行。由于基础设施项目规模较大，建设周期一般以年为单位进行计算，因此需要大量的储备资金。（2）基础设施建设投资资金需要一次性到位，不能修一段投资一段。一条高速公路在修建完工之前所得到的效益远远低于完工之后所得效益，只要基础设施项目没有完成，其作用和利润是十分有限的。（3）作为公共产品，基础设施更强调的是为城市居民带来的非营利性效益，而营利性效益的缺乏将减少民营资本的投入，因此，政府往往成为城市基础设施的主要投资来源。

第三，基础设施是其他生产部门的基础。"就某种程度而言，铁路设施的建立促进了钢铁行业的发展"[①]，"现代工程职业则是从公路、运河的修建、水泵的设计开始的"[②]。可见，基础设施是许多部门发展的基础条件。

发展经济学家对基础设施投资的认识主要侧重于基础设施投资对经济发展的重要性，并对于投资基础设施部门和直接生产性部门投资的先后顺序进行了深入的研究。总体上而言，发展经济学家对于大规模的投资建设基础设施是促进经济增长的前提条件是持肯定态度的，并一致认为基础设施的建设投资离不开国家的支持和推动。

4.1.1.3 现代经济学家对基础设施的认识

现代经济学家主要是从 20 世纪 80 年代以后开始经济研究的学者。这段时期的经济学者开始着重强调市场的作用，随着经济全球化的逐步形成以及世界银行的重视，大量经济学家开始研究基础设施投资对经济增长的影响。他们主要围绕以下几个方面进行讨论[③]：

（1）增加基础设施投资有利于刺激生产产出、提高生产率。

（2）基础设施投资布局形成地区经济增长的差异。

（3）基础设施投资对经济成本的影响。

（4）基础设施的完善度在决定一国获得外国直接投资竞争中的重要作用。

（5）对国内市场发展的影响。

中国最早涉及与基础设施定义相关的内容是在 1963 年由财政部和建筑工程部提出的"公共设施""公用事业"。1981 年，首次用到"基础结构"一词出现在《要重视国民经济基础结构的研究和改善》一文中，提到了基础结构在

---

① 转引自 W·W·罗斯托：《经济成长阶段》（中文版），商务印书馆 1962 年版，第 73 页。
② 转引自 W·W·罗斯托：《经济成长阶段》（中文版），商务印书馆 1962 年版，第 74 页。
③ 转引自杨军：《基础设施投资论》

国民经济中的重要地位；认为基础机构是"向社会上所有商品生产部门提供基本服务的部门，如运输、通讯、动力、供水，以及教育、科研、卫生等部门。"[115]

同样将基础结构分为了两部分，一个是有形的资产部门，即狭义的基础结构，指的是运输、通讯、动力、供水等部门；一个是无形的资产部门，即广义的基础结构，指的是教育、科研、卫生等部门。1983年，刘景林[116]重新定义了基础设施：

促进城市生产以及为城市居民提供生活条件的机构部门称之为基础设施。并且，还从不同层面对基础结构进行了划分。从职能上来分，可以将基础设施分为生产性的基础结构、生活性的基础结构和社会性的基础结构；从国民经济基本生产部门发展的关系上来分，有超前的基础结构、同步的基础结构和随后的基础结构三种类型。刘歧[117]在1983年首次研究和使用"城市基础设施"，把能源开发、交通运输、邮电通信、供水和污水排放、环境治理和园林绿化统称为国民经济基础结构，也即称之为城市基础设施。最早关于城市公共基础设施的定义出现在1983年中共中央、国务院发布的《关于对北京市城市基础设施总体规划方案的批复》中。在1985年的首次"城市基础设施学术讨论会"中定义了城市基础设施：城市基础设施是既为物质生产又为人民生活提供一般条件的公共设施，是城市赖以生存和发展的基础。之后，将所研究的结果汇编成了《城市基础设施》[118]。林森木[119]对城市基础设施进行了系统的研究，他认为"城市基础设施是以城市为载体，为城市居民提供物质和生活条件的设施系统，是城市赖以生存和发展的基础。"同时，他将城市基础设施系统分为了六大系统，分别为能源供应设施、给排水及污水处理设施、交通运输设施、邮电通信设施、环境保护设施、防灾安全设施。这种基础设施系统的划分比较全面，具有一定的完整性和独立性。

迄今为止，1994年世界银行发布的《1994年世界发展报告》中关于基础设施定义最为全面，认为基础设施主要由经济型基础设施和社会型基础设施组成。其中，经济型基础设施主要包括永久性工程构筑、设备、设施和它们所提供的为居民所用和用于经济生产的服务。这些基础设施包括公用事业（电力、管道煤气、电信、供水、环境卫生设施、固体废弃物的搜集和处理系统）；公共工程（大坝、灌渠和道路）；其他交通部门（铁路、城市交通、海港、水运和机场）。社会型基础设施主要包括文教和医疗保健设施。一般而言，经济型基础设施与我们日常理解的狭义基础设施范围一致，指在日常生活中有形的基础设施设备，广义的基础设施是在不仅包括了有形的基础设施，而且包括了无形的基础设施，一般我们称之为社会型基础设施。

到目前为止，1998 年颁布的《城市规划基本术语标准》[120] 对城市公共基础设施的定义最具代表性。认为城市基础设施指的是"城市生存和发展所必须具备的工程性基础设施和社会性基础设施的总称"。其中工程性基础设施包括能源供应设施、给水排水设施、交通运输设施、邮电通信设施、环境保护设施、防灾安全设施等工程设施。社会性基础设施则指文化教育、医疗卫生等设施。在国内大多研究的是以工程性基础设施为主，国外大多研究以社会性基础设施为主。

4.1.2 城市公共基础设施的定义

城市公共基础设施包含非常广泛的内容，尤其是在不同的阶段所包含的内容不同，在经济学中并没有给出精确的含义。根据本书需要研究的内容，本小结对城市基础设施在本书中的含义做出基本界定。同时，对与城市基础设施相关的经济学性质，以及涉及的相关经济学理论等主要观点进行阐述。

以新的经济发展观来认识城市基础设施，城市基础设施是为直接满足城市居民生产活动而提供的生活需要，为实现可持续发展提供共同条件和公共服务的相关设施和机构。随着社会经济发展的变化，城市基础设施包含的内容也不断在扩大。从社会经济的传递方面上看，城市基础设施可以分为多个层次：第一层是交通运输设施，可以通过运输人或物，实现人或物之间的位置转换；第二层是水务设施和能源设施，包括给排水设施、污水处理设施、电网设施、天然气和煤气设施，为城市居民提供基本的水、电等生活设施；第三层是通信设施，包括电话、电视、网络等设施，为促进人与人之间的交流、与外界之间的联系提供便利。每一层次的增加都使得城市基础设施内容逐渐丰富，成为一个统一的系统。

综合前人的研究，本书采用工程性的城市基础设施，也即世界银行给出的经济型基础设施，作为本书的研究对象。主要为能源供应设施、给水排水设施、交通运输设施、邮电通信设施、环境保护设施、防灾安全设施等工程设施。具体内容如下①：

（1）城市能源供应设施系统。城市能源供应设施系统是指能进行能源开采及生产，并为城市生产和生活提供相关能源动力的服务的设施系统。由供电设施系统、供气设施系统、供热设施系统组成。其中，供电设施系统主要包括发电设备、变压器、输配电网络及输变电设施等；供气设施系统主要包括煤气、天然气、石油液化气供应及传输设施，门站、输配气管网等设施。供热设施系统主要包括热源的生产、供应及传输设施，供热管网、热转换设施等。

（2）城市给水、排水及污水处理设施系统。给水、排水及污水处理设施系统是为城市生产、生活、市政、消防提供用水和废水排除、污水处理的总称。由城市水源系统、给水系统、污水系统、雨水系统组成。主要设施有城市水资源的开采、自来水的生产与供应、雨水和污水的排放和处理设施。具体包括地下水、地表水资源、供水专用水库、引水渠道和取水设施、制水及输配系统、配水渠道、管网、泵站、排水管网及污水处理厂等。

（3）城市交通运输设施系统。城市交通运输设施系统是在城市区域系统内和城市之间，利用运输工具，通过时间的延迟、空间的占用，将客、货的发生点和消失点联系起来的设施系统。由城市道路系统、公共交通系统、快速交通系统、对外交通系统组成。主要包括航空、铁路、航运、长途汽车、高速公路、道路、桥梁、隧道、地铁、轻轨高架、公共交通、出租汽车、停车场、轮渡等交通运输设施。

（4）城市邮电通讯设施系统。城市邮电通讯设施系统是为城市生产生活提供各种物资、信息的交换和传递服务的系统。主要由邮政设施系统和电信设施系统组成。其中邮政设施系统主要指城市间信件、物品的传递和通信设施；电信设施系统指的是由终端设备、传输设备、交换设备及其附属设备组成各种通信网，如电话交换网、电报交换网、数据交换网等，实现各种信息的交换和传递的任务。主要有邮政、电报、固定电话、移动电话、互联网、广播电视等设施。

---

①根据《中国城市基础设施的建设与发展》（中国市政工程华北设计院，中国城乡建设经济研究，1990）《1994 年世界发展报告——为发展提供基础设施》（世界银行，1994）等整理。

（5）城市环境保护设施系统。城市环境保护设施系统是为城市生产生活提供良好空间环境，保证城市可持续发展的设施系统。由绿地系统和环境卫生系统组成。其中绿地系统主要包括公园绿地、生产绿地、防护绿地、附属绿地和其他绿地；环卫系统包括城市生产、生活污水处理设施，生产、生活垃圾处理设施，涉及输送生产污水和生活污水的管网及污水处理厂，垃圾的收集、中转存储和垃圾处理站等设施。

（6）城市防灾安全处理设施系统。城市安全处理设施系统是为提供灾害研究、监测、预警、防灾、抗灾、救援、灾后援建等相关服务的设施系统。由城市防洪系统、市政设施抗震、消防设施、生命救灾工程、战备人防、应急响应等设施组成。其中防洪系统主要由防洪堤、防洪匣、排涝设施、水库等设施组成；防震设施主要由异常观测站、指挥中心等设施组成；消防设施主要由消防站、消防车、消防通道、给水设施等组成；救灾生命工程主要由运输设备、道路网络等设施组成；战备人防设施主要由防空洞、通风系统、人防地下室等设施组成；应急响应设施主要由医疗救援设施、公安等设施系统组成。

4.1.3 城市公共基础设施的性质与特点

城市公共基础设施系统不仅种类多，而且内部设施结构复杂。同时，城市基础设施和其他事物一样，均有其自身的发展规律，而这种发展规律使得基础设施具有自身的性质和特点。本部分从工程技术属性和经济社会属性两个层面来探讨城市公共基础设施的性质与特点[121]。

（1）工程技术属性

对于城市公共基础设施的工程技术属性，一般从城市公共基础设施建设项目出发，研究其建设所耗的成本、时间以及复杂度。总的来说，城市公共基础设施在工程技术属性上主要体现了整体性、地域性和超前性。

系统的整体性。城市公共基础设施包含了多个子系统，每个子系统涉及了多个行业（以制造业和农业为主），涵盖范围非常广，这些子系统组成了城市公共基础设施大系统。具体来讲，主要体现在两个方面：第一，不管城市公共基础设施在开发初始阶段，还是在其建设过程中面临的运营、建设和管理问题，均需要统一考虑，不能独立于其他子系统；第二，在城市公共基础设施建成后，其功能的发挥离不开各子系统之间的相互协作，共同完成。城市公共基础设施系统是由能源基础设施、水务基础设施、交通运输基础设施、邮电基础设施、生态环境基础设施和防灾基础设施组成，这些基础设施均通过网络管线系统存在于城市之间，存在一定的垄断性，使得城市居民生产和生活的均离不开城市公共基础设施。城市公共基础设施是面向整个城市的、社会化的公共设施，共同为社会生产和人们生活创造条件，缺一不可，在城市的发展建设中要统一管理、共同发展。任何一方的失灵，都将造成城市的局部的混乱甚至使得整个城市瘫痪。城市公共基础设施的整体性特点使得其在建设过程中需要达到一定的规模效益才能完成，并且在其运营过程中需要进行统一的调度，只有在这种情况下，才能保证系统相互协调，推动系统的有效运转。

公共物品的地域性。城市公共基础设施的建设是围绕着城市的发展建立起来的，能源供应设施，是为了给整个城市进行供电、供气、供暖；给水排水设施，为城市提供干净的自来水、良好的排水系统等；邮电通讯设施的建设为城市的邮政、通信提供了保障；公园绿地的建设提供了健康的生活环境；防灾安全设施的建设保障了城市生活的安全有序。城市基础设施一旦建设完成，就为该城市的各行各业、千家万户共同使用和享有。

建设的超前性和阶段性。城市公共基础设施建设项目的工程规模一般较大、施工周期较长。大部分的设施建设都需要在地底下完成，需要提前安排。随着城市的生产规模的扩大和人口数量的增加，对城市基础设施的要求也不断提高。然而，供水、供电、道路交通等都具有一定的规模效应，不会根据城市消耗的增加而增加，只能在某一段时间内建设发展，若需要增加规模，仍需要一段时间的规划。因此，城市基础设施的规划建设不仅需要在时间上超前，而且在设计城市基础设施的规模时，还需要适当留有一部分容量，才能满足城市人口增长以及城市经济发展的需求。

（2）经济社会属性

城市基础设施关于经济社会属性的研究相对于工程技术属性的研究较多。总体上，本书从基础性、混合物品属性、自然垄断性、外部性来分析。

基础性。指城市公共基础设施是城市经济发展的基础。城市公共基础设施的基础性特征主要从两个方面来看：首先，城市的生产和生活离不开城市公共基础设施为城市带来的相关服务和提供的相关产品。如：城市居民生活需要的水、电离不开城市的供水、供电等基础设施系统；城市交通、通信等基础设施系统为城市生产提供了便利。其次，城市公共基础设施为城市生产和生活提供的服务无形中成了他们的成本，因此，城市生活物质水平的高低会受到城市基础设施产品和服务价格变化的影响。

混合物品属性。混合物品既不属于公共物品，也不属于私人物品，它是介于两者之间的产品或服务，却又具有私人物品和公共物品的性质。大部分的城市基础设施，如：供水、供电、供热、煤气、电话、铁路等基础设施具有混合物品的属性，它们具有竞争性和排他性，并不是像人们说的是公共产品或者"准公共产品"。还有一部分基础设施具有一部分的非竞争性和一部分的排他性，比如高速公路的使用，在未产生拥堵之前，也就是不具有竞争性时，它就是属于准公共物品。因为此时，每增加一辆汽车的边际成本为零，对他人使用高速公路不会带来任何影响，而其在技术上可以排他，而且排他的成本也不高，比如可以通过设立收费机制限制消费者使用高速公路。然而与此相反，城市道路在交通高峰期却十分拥堵，具有很强的竞争性。但是很难有相关的解决办法禁止其他人使用城市道路，也不可能通过对高峰期和非高峰期的使用情况征收相关费用，无法排他，此时就属于公共物品。

自然垄断性。城市基础设施具有典型的自然垄断性，即在某一产出区间，随着使用者的增多、供给增加，不会增加边际成本和平均成本，甚至会使得产出成本始终高于边际成本[122]。城市公共基础设施的自然垄断性可以从三个层面来探讨：首先，沉淀成本是城市公共基础设施在建设过程中具有的重要特点，对于基础设施建设，具有较高的进入壁垒。一般情况下，像用水管网、电网、供气管道网等网络传输系统具有很高的专用性，也就是说用水管网只能用于用水，不能用于供气，更不能用于供电。而且也不能转移到其他地方重新修建。城市的供水管网、供电管网、电信网络、交通网络等的建设是一个庞大的系统，同时，城市基础设施的建设的资本投资大，一旦付出投资，这部分资金就"沉淀"了，难将其作为流动资金，这样的基础设施产业具有巨大的规模经济性。且远远超过了城市基础设施的变动成本，使得同行业的竞争者很难进入。其次，城市基础设施所提供的产品和服务具有一定的区域性，它提供的服务对象是基础设施所在的城市。例如，一个城市基础设施给水系统的消费者不会使用另一个城市提供的给水基础设施系统，他们是不同质的，是不能替代的。最后，城市基础设施的规模经济效应明显，在现有的城市基础设施下，随着服务提供量的增加，所需要的边际成本是下降的。城市基础设施在为城市居民提供产品和服务时，一个城市基础设施网络为不同的使用者提供服务的成本比多个城市基础设施网络为不同的使用者提供服务的成本要低。这种规模经济使得在一个城市内的某个城市基础设施只有一个建设者更好。

外部性。城市基础设施所提供的产品和服务有利于直接生产活动，并且是其活动的基础。大部分的城市基础设施的产品和服务具有显著的外部性，他们不仅给城市基础设施的使用者带来影响，同时也会给第三者带来额外的经济、社会和环境效益。有些基础设施产品及其服务是私人性的，但是他们依然会产生外部效用，尤其是对环境的影响。例如，交通运输设施系统的建设不仅能够缩短产品的运输时间，同时建设交通运输设施系统所需要的原材料生产和材料转移等将排放大量的二氧化碳，严重的影响当地周围的环境；城市粪便和垃圾的合理处理可以为城市居民提供良好的生活环境，同时也为大自然提供了天然的肥料，等等。由于这些城市基础设施具有较高的外部效应，国家更加重视这些基础设施造成的影响。

◎ 4.2 城市公共基础设施投资相关理论

4.2.1 公共物品理论

公共物品理论作为公共政治经济学的重要组成部分，也是研究城市基础设施投资决策的理论基础。最早的关于公共物品的定义是来自于保罗·萨缪尔森（Paul A. Samuelson）在1954年发表的《公共支出纯理论》，他认为"每个人对这种产品的消费都不会减少其他人对该产品的消费。"[123] 布坎南（Buchanan）在《公共物品的需求与供给》中分别对公共物品和私人物品进行了定义"私人物品指的是人们观察到的物品和服务是通过市场制度实现需求和供给的，公共物品则是人们观察到的通过政治制度实现需求和供给的。"与萨缪尔森的定义出发点不同，萨缪尔森是以公共物品的特殊属性（非排他性和非竞争性）来定义公共物品，布坎南则是通过所提供的手段来定义的公共物品。

公共物品和私人物品的差别主要体现在消费环节上，公共物品是一种供人们共同消费的产品。根据公共物品的属性，其特征主要体现在两个方面。

（1）公共物品的非竞争性

即公共物品消费引起的社会边际成本为零，或几乎为零。对于公共物品来讲，它的生产一般具有一定的规模，当多个消费者进行消费时并不会影响对方的消费使用感受，也不会因此而增加公共物品的成本。在对于公共物品的消费上，每个人都可以获得同等的利益，一个人的消费对另外一个人的消费并不会产生影响。然而，虽然公共物品具有非竞争性，对于消费者来讲没有边际成本，但是公共物品的生产是需要费用的，而这部分费用不是来源于消费者，需要国家予以某种形式进行补贴，对于这样的方式也就决定了公共物品无法像私人物品一样为公共物品提供经济来源。

（2）公共物品的非排他性

指公共物品一旦生产出来就无法排除那些不付费的人前来消费，或者为了阻止其他人消费需要花费大量的成本（往往这部分成本得不偿失），这些其他人也就是我们认为的"搭便车"者。比如：一个国家的国防建设，如果要排除任何一个在这个国家居住生活的人受国防的保护是不可能的。因此公共物品是非排他的，甚至一个人的消费可能会意味着被强制的消费。这种低效益的结果降低了企业公共物品的吸引力，没有企业愿意随其进行投资，从而导致公共物品的缺乏，造成城市公共基础设施社会效益的损失。

公共物品的非竞争性和非排他性说明了公共物品是可以用于消费者们共同消费的产品，非竞争性的特征说明了消费者之间不存在竞争关系，非排他性的特征说明了消费者之间不存在敌对关系。当然，通过某些技术手段可以排斥其他消费者使用公共物品，但是要付出较大的经济成本。

然而，需要注意的是，有些公共物品仅仅只有非竞争性或者仅仅只有非排他性的特征。因此，可以根据公共物品的非竞争性、非排他性等特征，将公共物品归为三类：纯公共物品、准公共物品、私人物品。

表 4-1　三种类型的公共物品的特征及其供应方式

	基本特征	供应方式	实例
纯公共物品	共同消费，具有的外在利益，供应不易消除	政府提供、政府投资	国防、路灯、街道垃圾桶
准公共物品	单独消费，具有外在利益，供应易于排除	政府提供或者政府资助市场提供，政府投资或者直接收费	学校、医院、收费高速公路
私人物品	单独消费，没有外在利益，供应易于排除	市场提供，像消费者直接收费	日用品、护肤品、餐饮

同样的，根据公共物品理论，城市公共基础设施可以分为三类：

第一类，供电、天然气设施、暖气设施以及邮政业务、电信网络等设施的竞争性和排他性都比较强，属于私人物品。这类物品可以确定收费机制，能获得大量的利润，可以通过社会资本的投资完成建设。

第二类，收费的交通运输系统设施、排水、污水处理设施等，属于准公共物品。这类物品竞争性相对较弱，但具有一定的排他性（当公共服务设施达到饱和时，会在一定程度上影响其他使用者的使用效率和感受），经济效果不是特别明显，需要政府通过一定的补助促使企业投资建设。

第三类，生态环境设施系统中的城市绿化、市容市貌、垃圾处理等设施系统，防灾设施系统中的消防、防洪、抗震等设施系统以及不收费的公路设施等，属于纯公共物品。这类物品的竞争性和排他性都很弱，没有收费机制，对企业投资建设没有任何吸引力，只能通过政府出资建设。

根据上述理论，在本书关于城市公共基础设施的经济、社会、环境效益的评估中，有利于把握城市公共基础设施六大系统在经济、社会、环境效益中的权重比例。其中能源供应设施系统、水务设施系统、邮电通讯设施系统以给城市建设带来经济效益为主；防灾安全设施系统以给城市建设带来的社会效益为主；环境保护设施系统以给城市建设带来的环境效益为主，它们各司其职，为城市经济、社会、环境做贡献。

4.2.2 公共选择理论

公共选择理论起源于 20 世纪 40 年代末的第二次世界大战，美国等西方国家为了更好地控制国内的经济，国家的产品和服务有一半以上由国家政府支配，并不是通过市场自由支配的[124]。公共选择理论是由邓肯·布莱克（Duncan Black），詹姆斯·布坎南（James M. Buchannan）和肯尼斯·阿罗（Kenneth J. Arrow）等著名的经济学家所创立的新政治经济理论。他们着重研究如何总和个人偏好，使得社会福利的最大化，使得公共物品、规模经济实现合理、有效的配置[125]。

所谓公共选择，就是人们决定提供什么样的公共物品，如何提供和分配公共物品以及设立相应的规则的一种行为和过程。公共选择主要是对集体决策进行研究，它主要包括了两个方面的性质：首先是集体性，也就是说公共选择不是独立的选择，而是多人的选择，需要遵循群体的多重意愿；其次是规则性，由于公共选择是集体选择，而人们往往因为其生长环境、利益情况不同，就会产生多个不同的选择意见，因此需要遵循一定的规则，才能做出统一的决策。因此设定一定的规则，使人们的差异行为统一起来，选择那些能够满足一般人的规则[126]。公共选择理论的目的是通过研究人们在进行公共选择的过程中，如何使得社会效益最大化。

公共选择理论把政府决策者看作是"经济人"，认为人们在政治领域活动中与"经济人"的行为是一致的，都是趋利避害的，如同企业家在经济市场中追求最大化利润一样，相关政府成员往往在政治市场中也追求着"最大化利润"，然而，他们不会考虑这些权利和地位是否对社会有利。公共选择理论认为政府的失败是不可避免的，导致市场的低效率的主要原因有三个方面。一是缺乏竞争力，政府官员和工作人员不需要考核，没有来自同级的竞争压力，政策的制定具有一定的垄断性，没有提高社会服务的原动力。二是浪费资源，由于政府没有产权和财政的约束，导致许多政府官员为了在位期间提高其政绩，不考虑公共市场需求，大量输出公共产品和公共服务，导致产生大量的剩余，造成严重的资源浪费。三是缺乏有力的监督，由群众代表的监督力量在监督的执行过程中是非常低的，经常被政府所忽略，起不到监督的作用[127]。

基于此，为了减少政府行为对城市公共基础设施的经济、社会、环境所带来的负面影响，减少政府的过多干预城市公共基础设施投资建设市场，本书通过搜集中国城市公共基础设施的现有建设统计数据，以追求城市的经济、社会、环境三大效益最大化为目标，寻找最佳的评估和投资方案，以减少"政府失灵"现象的发生。

4.2.3 行为决策理论

在20世纪80年代以前，理性决策理论占据了现代决策理论中的半壁江山。不可否认，理性决策理论促进了决策科学的发展，但是却隔离了决策的抽象化、主观化影响。Allais[128]悖论和Ellsberg[129]悖论的提出证明了人们在决策中非理性因素的存在，Edwards[130]将心理学运用到经济学中，标志着行为决策理论成为决策科学领域的一个重要研究课题。

行为决策理论是通过研究人们在实际研究中的决策结果以及他们所做该决策原因的描述性和解释性相关的研究。行为决策理论以实证研究为主，它首先通过提出有关决策人的行为假设，然后以实验、访谈、调查的方式得到的结果来证实或者伪证所提出的假设，从而得出相关结论[131]。行为决策理论建立在心理学的基础研究之上，且派生了较多派系，如行为经济学、行为金融学等。但是，到目前为止，没有形成统一的理论体系。而这些研究均涉及了决策问题，同时涉及了经济学、管理学等多个学科领域，是一个多学科交叉领域的理论。

（1）最大期望效用理论（Expected Utility Theory）。

期望效用最早是由Von Neumann和Morgenstern(1944)在《博弈论》提出的，期望效用起源于博弈双方的决策行为，认为博弈双方均是绝对理性的，他们认为赌博者在赌博过程中所做的行为决策是以遵循期望效用最大化的原则。Von Neumann和Morgenstern提出的期望效用理论是行为决策理论的主要决策部分，亦被称之为最大期望效用理论。绝对理性促进了行为决策科学的发展，但是往往在做某些决策时，用绝对理性无法解释，于是便有研究学者开始探究在实际进行决策时的行为。Savage[132]（1954）综合Von Neumann和Morgenstern（1944）的期望效用理论[133]和Definetti[134]（1937）的主观概率定义，提出了主观期望效用。主观效用中的决策人仍然是理性的，具有个体的独有偏好个性，但与最初的绝对理性不同，更具有符合人性的特征。

（2）有限理性假设（Bounded Rationality）

在城市公共基础设施投资决策研究中，行为决策理论更能反映决策者的心理行为特征。其中有限理性假设是行为决策理论的一个重大发现。Simon 作为管理学家和社会学家，对行为决策科学起到了很大的推动作用。Simon 认为在人们做决策时往往很难做到绝对理性，大部分情况下是属于有限理性的。同时他还认为人们在做决策时容易受到外部环境的影响，包括了给定的环境状态、信息的不确定性、事物的复杂程度、目标的变化的影响，决策主体的最终决定与客观的追求效益最大化有偏差。因此，不应该把决策主体看作效用最大化者，而应该看作是追求满意最大化者[135]。

（3）前景理论（Prospect Theory）

在本书中所用到的前景理论是一个典型且具代表性的行为决策理论之一。受 Simon 以及 Edwards 等学者的影响，Kahneman 和 Tversky[98] 提出了前景理论，他们认为一般情况下，人们处在收益的情况下会逃避所面临的风险，在面对损失时会挑战具有风险的投资。而且，在面对同样数量的收益和损失时，人们对损失更加敏感。因此，对于一个投资者来说，当投资者获得收益时，变得更加小心谨慎，往往不愿意再冒险投资；当投资者面临损失时，会更愿意冒险进行投资，期望获得收益。本书第八章将行为决策理论中的损失厌恶理论用于决策者选择高速公路承包商，有利于决策者在面临风险情况下的更全面地选择承包商。

4.2.4 系统论

"系统"一词来源于希腊文，指的是各部分组成的整体、结合；也是处于相互关系中的要素的结合。1925 年，英国著名的学者怀海特发表了《科学与近代世界》一文，同时，美国的劳特卡和德国的克勒分别发表了《物理生物学原理》和《论调节问题》[136]，标志着系统论的开端。美籍奥地利的生物学家贝塔朗菲在 1937 年第一次提出了系统论的观点，并在 1945 年发表了《关于普通系统论》一文，指出他的系统论思想："存在着使用于一般化系统或子系统的模式、原则和规律，而不论其具体种类、组成部分的性质和它们之间的关系或'力'的情况如何。"[137]

系统论中的系统指的是一个整体，系统内的各个部分都具有一定的功能，并且各个部分相互联系。所有的系统，不管以何种形式存在，都具有某些共同特点，构成了系统的主要特征。系统论不仅仅适用于自然学科的研究，还适应于社会人文科学和其他科学的研究，既是综合基础性理论，又是与科学有着密切关系的应用理论[138]，并为人们认识城市基础设施系统的组成、结构、性能提供了指导。

运用系统论来研究城市基础设施系统问题，首先要遵循系统论的几个核心原则：

整体性原则。作为系统论的中心思想，指组成整体的各个元素是非常重要的有机元素，通过整合的方式为整体带来更大功能和效益。整体性带来的效益往往要大于各个要素分别在系统中带来的效益之和。从整体出发，研究整体与要素，要素与要素，整体与外部环境之间的关系，从而得到研究对象的变化规律。

相关性原则。从系统论的角度出发，认为任何事物之间都存在相关性，具有相互联系又相互影响的特征，除了子系统内部具有相关性，子系统之间也存在相关性，子系统与整个系统、子系统与子系统之间的协调、配合，称之为系统的相关性。

最优化原则。在一定条件下，根据自身要求为系统确定目标，通过一定的技术手段和方法将系统进行分解，利用分解后子系统之间的内部关系，使得子系统满足整体的最优目标，以达到整体的最优状态。

开放性原则。是指在大系统中，系统不仅仅与本身内部相互关联，还与周围的环境相互关联，相互交换物质、能量以及信息。这种属性，一方面表现为外界环境对系统的物质、能量、信息的输入；另一方面表现为系统内部的物质、能量、信息的输出。系统与外界是相互联系、相互影响、相互制约的。开放性原则强调的是系统与外部环境存在信息的输入和输出，系统不是封闭式系统，是系统论中一个最基本的原则，也是系统其他基本原则得以实现的前提条件。

对于城市基础设施系统来说，同样具有系统的特征。主要表现在以下五个方面：

一是形成网的特点，城市基础设施的六大系统彼此间相互作用形成一个网，这六大系统构成了城市基础设施系统整体。例如，如果能源供应设施受到损害，城市基础设施系统就不再是一个系统了，他们不再相互作用以保证城市基础设施系统最初的能源供应了。

二是整体效用大于部分简单和的特点，城市基础设施系统的能力大于能源供应设施和给水排水设施的总和。单个城市公共基础设施系统不能构成一个整体系统，在孤立的状态下，不能保证城市生产和生活的正常运行。

三是整体系统的每个独立的系统会起到一定的作用，如果给水排水设施出现故障，不能与其他设施相关联系，不能给城市提供水源，失去了它原有的特点，就会给城市带来恐慌，危及整个城市公共基础设施系统的正常运行。因此，基础设施系统的每个部分都应起到其应有的作用，每一个系统的改变都将对系统整体产生影响。

四是所有的系统都是开放的系统，一般的系统与外界均有物质和能量的交换。城市基础设施系统的建立需要其他外界系统对它输入（如：原材料），同时它的输出又影响着外界的系统（如：建筑垃圾），封闭的系统是不存在的。

五是系统会受到外界和内部的约束，城市基础设施系统容易受到外部环境的约束（如：城市居民为了更方便的生活对城市基础设施建设提出的要求），同时也受到系统内部结构的影响（如：城市基础设施的建设成本）。

本书从城市公共基础设施六大系统出发，构建了以能源供应设施系统、给水排水与污水处理设施系统、邮电通讯设施系统、环境保护设施系统、防灾安全设施系统与城市内部经济效益、社会效益、环境效益的相互关系链，为公共基础设施系统与城市三大效益系统的协调发展提供科学依据。

4.2.5 博弈论

博弈，指的是以个体、团队或者组织为研究对象，遵循一定的规律，按照一定的顺序，根据各自的研究策略进行选择或者实施某一行动，最后得到与自己行动相匹配的结果的一个过程[139]。

第一次博弈论的提出来源于冯·诺伊曼和奥·摩根斯坦合作出版的《博弈论与经济行为》，他们认为大部分的经济问题都可以利用博弈论来分析。在 20 世纪 50 年代，博弈论作为数学的一个分支，得到了飞速的发展。在 1950 年，Tucker 提出了著名的"囚徒困境"，该理论揭示了在个体理性和集体理性之间所存在的矛盾，博弈双方均以实现自身利益最大为目的，但是往往结果并不会如愿以偿，甚至会得到最坏的结果。之后，纳什提出了"纳什均衡"的概念，解决了之前不能求解的问题。《n 人博弈中的均衡点》和《非合作博弈》的发表改变了人们对市场经济的看法，成了现代博弈论科学的理论基础。到了20世纪70年代，博弈论与各种经济问题结合起来，正式成为主流的经济学，并逐渐改造了现代微观经济学。

博弈论非常强调时间顺序和信息的获取量，因此博弈可以从参与人行动的次数以及对其他参与人的各种特征、获取的信息量两个角度进行分类。如果按照博弈参与者排队先后的情况以及重复的次数进行分类，可以分为静态博弈和动态博弈。静态博弈指的是博弈参与者不能根据对方的决策而决策，根据他们采取的不同组合情况获得最终的结果。动态博弈指的是博弈参与者先后进行决策，后者会根据前者的决策进行调整后所得到的一种动态的博弈结果。如果按照博弈双方获取的对方信息量的完备程度进行分类，有对称信息博弈和非对称信息博弈（或完全信息博弈和不完全信息博弈）之分。完全信息博弈，指的是博弈参与方的信息是公开的，相对较为公平。不完全信息博弈，指的是博弈参与方的信息是隐蔽的，只有参与者自己知道。

还可以通过博弈参与方是否存在合作进行分类，一般情况下适合于三方以上的博弈。若按此进行分类，有合作博弈和非合作博弈之分，合作博弈一般能通过相关条约约束对方，促使参与人在条件约束的范围内进行博弈。非合作博弈指的是博弈参与方不能通过谈判的方式得到各自想要结果。

综合国内外研究来看，可以发现在城市基础设施建设中博弈论已经得到广泛的应用。政府与城市基础设施各个项目的建设承包商等私人企业的选择问题；与生态环保部门、交通部门、能源部门等之间的问题；与城市居民之间的矛盾调节问题等都存在博弈。在本书的研究中，将博弈论运用到城市公共基础设施投资效益优化模型和评价方法中也是非常有效的。在资金有限的情况下，通过将中国的30个大中城市看成是非合作博弈的博弈者，使得在一定的约束情况下，以保证博弈参与方的利益。

4.2.6 资源最优配置理论

随着城市经济的发展和城市人口的快速增长，给有限的资源带来了严重的压力。因此，如何有效地利用稀缺的资源以实现资源的有效配置已成为城市经济发展的重要课题。

资源最优配置起源于福利经济学中的两个重要的概念：效率和公平。在经济学中，效率是指资源的配置达到了一种这样的情况：不管做什么样的改变，都不可能使得一部分人的效率更好，同时保证其他人的效率不受到损失。也就是说，在经济最优的状态下，一部分人如果要进一步的提高效率就必须以另一部分人的损失为代价；反过来说，如果在没有达到最优的状态下，提高一部分人的效率不会给任何人带来损失。因此，所谓的经济最优状态也即帕累托最优状态。

著名的经济学家庇古是福利经济学理论的创立者，庇古的福利经济学理论是以基数效用论为依据的。福利经济学认为国民的收入总量和社会的福利存在正相关的关系。庇古认为不同人的经济福利可以通过基数理论进行衡量，国民的收入等价于社会经济福利，国民收入的大小决定着社会经济福利的大小。为了使国民的收入达到最大，必须使得社会生产的资源得到最优的配置。在完全竞争的情况下，当边际私人纯产值和边际私人社会产值相等时就会达到社会资源的最优配置。然而这种情况是很难出现的，因此，就需要国家通过相关政策对其进行调整，以达到最优状态。20 世纪 30 年代之后，新福利经济学的出现，否定了基数效用论，采用了序数效用论。新福利经济学以帕累托最优为理论。帕累托指出，如果在任何一种改变现有的资源配置的手段（或方法）不可能不损害任何一个人（或部门）的情况下使得任何一个人（或部门）的处境比之前的处境要好，就说明资源的配置已经达到最优[140]。

城市公共基础设施作为社会的间接资本，资源的有效配置是其经常面临且需要解决的一个重要问题。城市公共基础设施采用科学的投资方式、节约资源的配置成本、争取最大的综合效益对城市的发展起到了非常重要的作用。国家作为城市公共基础设施的主体部分，政府的财政投资是其主要的投资渠道之一，基础设施的投资建设具有很大的社会福利效应。政府的财政投资主要通过国家的税收以及提供的相关补贴来实现，由于城市公共基础设施需要投资的技术要求高，周期长，因此保证其达到最优的配置显得尤为重要。基础设施投资的资源优化配置是一个复杂的社会系统工程，涉及政治、经济、社会、环境、市场等多个因素的影响，要综合考虑基础设施的地域布局是否合理，是否存在质量水平差距（中国东、中、西部地区的交通运输设施规模、邮电通信设施规模的发展水平）；资源分布是否存在错位（水资源、能源资源的分布情况与基础设施的分布情况）；基础设施投资结构和需求结构是否达到均衡（基础设施固定资产投资与基础设施的使用情况）[141]。

本书充分有效地利用了资源的最优配置理论，将其运用到了城市公共基础设施投资效益优化模型中，在尽可能地实现城市公共基础设施地域分布合理、缩短城市间公共基础设施水平差异、保证最低的基础设施建设水平的情况下，得到经济、社会、环境效益最优的资源配置，为本书模型的建立提供了理论支撑。

4.2.7 外部效应

外部性在经济学问题中是不可避免的。所谓外部性，在自身进行生产和消费时对周围环境产生了不需要对自己补偿的利益，或者产生了对周围环境不利的损害[142]。

外部性的概念最早起源于著名的英国经济学家马歇尔在 1890 年发表的《经济学原理》中的"外部性经济"。在《经济学原理》中，马歇尔认为"可以把依赖于某产业的一般发达所形成的一种经济形势，使得该种货物的生产规模的扩大称为外部经济。"在此基础上，"福利经济学之父"庇古在 1912 年发表了《财富与福利》一书，他又提出了"外部不经济"的概念，认为不仅外界会影响企业，而且认为企业和消费者会影响其他企业和消费者。庇古通过分析边际私人净产值和边际社会净产值的差异来解释外部性的存在，他认为外部性的存在会导致市场失灵，破坏资源配置的帕累托最优，影响经济的可持续发展。庇古的外部性效用在经济政治领域中已经得到了广泛的应用，如，"谁污染，谁治理"政策减少了环境的污染程度，"谁受益，谁投资"政策带动了城市基础设施的建设发展。庇古通过相关政策的制定将外部效用内部化，以减少外部不经济的出现。

外部性可以用数学语言来表示，指某经济主体福利函数的自变量包含了他人的行为，而该经济主体又没有向他人提供报酬（外部经济）或索取经济赔偿（外部不经济）[143]。即：

$$F_j = F_j(X_{1j}, X_{2j}, \ldots, X_{nj}, X_{mk}) \text{ 其中 } j \neq k \tag{4-1}$$

其中，j 和 k 表示不同的经济主体，F_j 为经济主体 j 的效用函数，$X_j(1,2,\cdots,n,m)$ 为经济主体 j 采取的经济活动。这个函数表明了经济主体 j 的效用函数在受到自身的经济活动的影响外，还受到了经济主体 k 的经济活动 X_{mk} 的影响，即所谓的外部效用。

城市公共基础设施具有一定的外部性。 城市基础设施的外部性主要表现在由城市基础设施建设导致的生产外部性和城市基础设施使用者在使用基础设施过程中所带来的外部性。因此，我们可以从外部经济与外部不经济，生产者外部性和使用者外部性出发，将外部性分为生产的外部经济性、生产的外部不经济性、使用者的外部经济性、使用者的外部不经济性。

根据该分类方式，又可以将其进一步细分。主要包括：生产者与生产者的外部经济性，如交通运输设施系统的建设促进了能源供应设施系统的建设发展；生产者对使用者的外部经济性，如给水排水及污水处理设施系统为城市居民提供了干净的水源，解决了用水困难的问题；使用者对生产者外部经济性，如城市居民保持良好的生活环境将减少环境保护设施的投资成本；使用者对使用者的外部经济性，如文明有序地使用高速公路将节约其他高速公路使用者的使用时间；生产者对生产者的外部不经济性，如能源供应设施系统的建设提高了环境保护设施系统的建设成本；生产者对使用者的外部不经济性，如在基础设施施工期间造成的噪音污染影响了周围居民的正常休息；使用者对生产者的外部不经济性，如城市居民对城市公园、绿地的损坏将增加环境保护设施的建设成本；使用者对使用者的外部不经济性，如在城市道路系统达到拥挤状态时，不文明的使用城市道路系统将提高其他使用者的时间成本。

◎ 4.3 城市公共基础设施效益评价方法基础理论

城市基础设施对于促进城市的发展有重要的作用，不仅有利于经济、社会、环境效益的提高，同时做好城市基础设施建设也是国家政府部门的重要职责。因此，不仅在学术领域有大量的学者通过分析城市基础设施相关指标对其进行对比评价，找出存在的问题，并予以解决。同时，相关政府部门对城市基础设施的现状十分关注，希望通过科学合理的评价以对城市基础设施进行合理有效的调控，由此可见城市基础设施评价是十分重要的。

国内外学者在对于城市基础设施的评价研究中，提出了许多方法。如：（模糊综合评价法[144]、模糊层次分析法[145]、数据包络分析法[3][146]），根据本书所建立的投资效益优化模型与评价方法，本节对所用到的方法进行详细的描述。

4.3.1 模糊集理论

所谓模糊集，指的是边界不清楚的集合，不是属于"非此即彼"的集合，而是属于"亦此亦彼"的集合。这种客观事物的差异在过度时所存在的"亦此亦彼"的性质成为模糊性。美国著名的控制论专家 Zadeh[63] 发表了 *Fuzzy sets* 一文，将模糊集通过隶属度函数表述出来。下面我们将简单的介绍本书所涉及的相关模糊集理论。

定义 4.1[63] 给定论域上的一个模糊子集 A，是指对于任何 $\chi \in X$，都指定了一个数 $\mu_A(\chi) \in [0,1]$，称作 χ 对 A 的隶属度，$\mu_A : X \to [0,1]$ 称作 A 的隶属函数，A 记为

$$A = \int_x (\mu_A(\chi)/\chi) \tag{4-2}$$

当 X 为有限集 $\{\chi_1, \cdots, \chi_n\}$，$A$ 也可以记为

$$A = \frac{\mu_A(\chi_1)}{\chi_1} + \cdots + \frac{\mu_A(\chi_n)}{\chi_n} \tag{4-3}$$

定义 4.2[63] 设 A 为论域 X 的模糊子集，$\lambda \in [0,1]$，称集合 $A_\gamma = \{\chi \in X \mid \mu_A(\chi) \geq \lambda\}$ 为 A 的水平截集，简称 A 的 λ 截集，λ 称水平或阈值。为了方便，记 A 的 γ- 水平截集为 $[A]^\gamma = [\underline{a}(\gamma), \bar{a}(\gamma)]$，其中 $\underline{a}(\gamma)$，$\bar{a}(\gamma)$ 分别为 γ- 水平截集与 A 相切的左右两个端点。

定义 4.3[147] 设 A 与 B 是论域 X 上的模糊集。若 $\mu_A(\chi) \equiv \mu_B(\chi)$，则称 A 与 B 相等，记为 $A = B$；若 $\mu_A(\chi) \leq \mu_B(\chi)$，则称 A 包含于 B，记为 $A \subset B$；若 $\mu_A(\chi) \equiv 0$，则称 A 为空集，记为 $A = \varnothing$。模糊集 A 与 B 的并集记为 $A \cup B$，定义为

$$A \cup B = \int_x (\mu_{A \cup B}(\chi)/\chi) \tag{4-4}$$

其中 $\mu_{A \cup B}(\chi) = \max(\mu_A(\chi), \mu_B(\chi))$，记为 $\mu_A(\chi) \vee \mu_B(\chi)$。$A$ 与 B 的交集记为 $A \cap B$，定义为

$$A \cap B = \int_x (\mu_{A \cap B}(\chi)/\chi) \tag{4-5}$$

其中 $\mu_{A \cap B}(\chi) = \min(\mu_A(\chi), \mu_B(\chi))$，记为 $\mu_A(\chi) \wedge \mu_B(\chi)$。$A$ 的补集记为 $\bar{A}$，定义为

$$\bar{A} = \int_x (\mu_{\bar{A}}(\chi)/\chi) \tag{4-6}$$

其中 $\mu_{\bar{A}}(\chi)=1-\mu_A(\chi)$。

定义 4.4[148] 设 $A=(a^-,a^+)$ 为模糊数，满足如下条件：

（1）$a^-:\gamma \to a_{\bar{\gamma}} \in \mathrm{R}$ 为有界单调递增（非减）的连续函数，$\forall\gamma \in [0,1]$；

（2）$a^+:\gamma \to a_{\bar{\gamma}} \in \mathrm{R}$ 为有界单调递减（非增）的连续函数，$\forall\gamma \in [0,1]$；

（3）$a_{\bar{\gamma}} \le a_{\bar{\gamma}}^+, \forall\gamma \in [0,1]$。

若 $a_{\bar{\gamma}} < a_{\bar{\gamma}}^+$，则称为区间模糊数，若 $a_{\bar{\gamma}} = a_{\bar{\gamma}}^+$ 则称为模糊数。

定义 4.5[149] 设 $A=(a^-,a^+)$ 和 $B=(b^-,b^+)$ 为两个模糊数，分别具有 $\gamma-$ 水平截集 $[A]^\gamma=[\underline{a}(\gamma),\bar{a}(\gamma)]$ 和 $[B]^\gamma=[\underline{b}(\gamma),\bar{b}(\gamma)]$，则关于模糊数的加法、减法、乘法、除法分别定义：

（1）模糊加法：

$$A+B=(a^-+b^+, a^++b^+) \tag{4-7}$$

或用 $\gamma-$ 水平截集表示：对于 $\gamma \in [0,1]$，有

$$[A+B]^\gamma=(\underline{a}(\gamma)+\underline{b}(\gamma), \bar{a}(\gamma)+\bar{b}(\gamma)) \tag{4-8}$$

（2）模糊减法：

$$A-B=(a^--b^+, a^+-b^+) \tag{4-9}$$

或用 $\gamma-$ 水平截集表示：对于 $\gamma \in [0,1]$，有

$$[A-B]^\gamma=[\underline{a}(\gamma)-\bar{b}(\gamma), \bar{a}(\gamma)-\underline{b}(\gamma)] \tag{4-10}$$

（3）模糊数乘：

对于给定的 $k \in \mathrm{R}$，有

$$kA=(ka^-, ka^+), k>0 \tag{4-11}$$

$$kA=(ka^+, ka^-), k<0 \tag{4-12}$$

或用 $\gamma-$ 水平截集表示：对于 $\gamma \in [0,1]$，有

$$[kA]^\gamma=[\min\{k\underline{a}(\gamma), k\bar{a}(\gamma)\}, \max\{k\underline{a}(\gamma), k\bar{a}(\gamma)\}] \tag{4-13}$$

（4）模糊乘法：

$$AB=((ab)^-, (ab)^+) \tag{4-14}$$

或用 $\gamma-$ 水平截集表示：对于 $\forall\gamma \in [0,1]$，有

$$[AB]^\gamma=[L_{AB}^{-1}(\gamma), R_{AB}^{-1}(\gamma)] \tag{4-15}$$

其中，L_{AB}^{-1} 和 R_{AB}^{-1} 分别表示 $\gamma-$ 水平截集与 AB 相切的左右两个端点：

$$L_{AB}^{-1}(\gamma)=\min\{\underline{a}(\gamma)\underline{b}(\gamma), \bar{a}(\gamma)\underline{b}(\gamma), \underline{a}(\gamma)\bar{b}(\gamma), \bar{a}(\gamma)\bar{b}(\gamma)\} \tag{4-16}$$

$$R_{AB}^{-1}(\gamma)=\max\{\underline{a}(\gamma)\underline{b}(\gamma), \bar{a}(\gamma)\underline{b}(\gamma), \underline{a}(\gamma)\bar{b}(\gamma), \bar{a}(\gamma)\bar{b}(\gamma)\} \tag{4-17}$$

（5）模糊除法：

$$\frac{A}{B} = \left[\left(\frac{a}{b} \right)^-, \left(\frac{a}{b} \right)^+ \right], \quad 0 \notin \left[b_0^-, b_0^+ \right] \tag{4-18}$$

或用 γ- 水平截集表示：对于 $\forall \gamma \in [0,1]$，有

$$\left[\frac{A}{B} \right]^\gamma = \left[L_{A/B}^{-1}(\gamma), R_{A/B}^{-1}(\gamma) \right] \tag{4-19}$$

其中，$L_{A/B}^{-1}(\gamma)$ 和 $R_{A/B}^{-1}(\gamma)$ 分别表示 γ- 水平截集与 $\frac{A}{B}$ 相切的左右两个端点：

$$L_{A/B}^{-1}(\gamma) = \min\left[\frac{\underline{a}(\gamma)}{\underline{b}(\gamma)}, \frac{\bar{a}(\gamma)}{\underline{b}(\gamma)}, \frac{\underline{a}(\gamma)}{\bar{b}(\gamma)}, \frac{\bar{a}(\gamma)}{\bar{b}(\gamma)} \right] \tag{4-20}$$

$$R_{A/B}^{-1}(\gamma) = \max\left[\frac{\underline{a}(\gamma)}{\underline{b}(\gamma)}, \frac{\bar{a}(\gamma)}{\underline{b}(\gamma)}, \frac{\underline{a}(\gamma)}{\bar{b}(\gamma)}, \frac{\bar{a}(\gamma)}{\bar{b}(\gamma)} \right] \tag{4-21}$$

定义 4.6[150、151] 设 A 为模糊数，在 γ- 水平截集 $[A]^\gamma = [\underline{a}(\gamma), \bar{a}(\gamma)]$ 下的可能性均值和可能性方差以及与 $[B]^\gamma = [\underline{b}(\gamma), \bar{b}(\gamma)]$ 的协方差分别定义为

$$E(A) = \int_0^1 \left[\underline{a}(\gamma) + \bar{a}(\gamma) \right] \gamma d\gamma \tag{4-22}$$

$$Var(A) = \frac{1}{2} \int_0^1 \left[\bar{a}(\gamma) - \underline{a}(\gamma) \right]^2 \gamma d\gamma \tag{4-23}$$

$$cov(A,B) = \frac{1}{2} \int_0^1 \gamma \left[\bar{a}(\gamma) - \underline{a}(\gamma) \right] \left[\bar{b}(\gamma) - \underline{b}(\gamma) \right] d\gamma \tag{4-24}$$

根据上述定义，设存在 $A = (a, \alpha, \beta)$ 三角模糊数，则其隶属度函数可以表示为

$$\mu_A(x) = \begin{cases} 1 - \dfrac{a-x}{\alpha}, & a-\alpha \leq x \leq a \\ 1, & x = a \\ 1 - \dfrac{x-a}{\beta}, & a \leq x \leq a+\beta \\ 0, & 其他 \end{cases} \tag{4-25}$$

其三角模糊数的 γ- 水平截集表示为 $[A]^\gamma = [a-(1-\gamma)\alpha, a+(1-\gamma)\beta]$，$\forall \gamma \in [0,1]$。三角模糊数的隶属函数图形如图 4-1 所示：

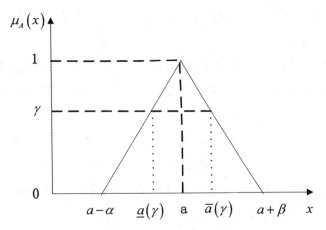

图 4-1 三角模糊数 $A=(a,\alpha,\beta)$ 的隶属函数图形

根据定义 4.6，我们可以得到它的可能性均值和可能性方差：

$$E(A)=\int_0^1\gamma\left[a-(1-\gamma)\alpha+a+(1-\gamma)\beta\right]d\gamma=a+\frac{\beta-\alpha}{6} \tag{4-26}$$

$$Var(A)=\frac{1}{2}\int_0^1\gamma\left\{a+(1-\gamma)\beta-\left[a-(1-\gamma)\alpha\right]\right\}^2 d\gamma=\frac{(\alpha+\beta)^2}{24} \tag{4-27}$$

4.3.2 前景理论

在以往大多数的研究中，期望效用理论一直是用来研究投资决策的理论基础。但是，越来越多的研究表明，仅仅用该理论对于解决投资市场上的各种问题仍然是不够的。人们在进行决策时往往还受到了自身的情感、认知等因素的影响，因此，1979 年 Kahneman 和 Tversky 提出了著名的前景理论，有效地解决了人类认知、情感、心理因素对投资决策的影响。

前景理论将心理学的知识引入到了风险投资决策领域，解释了投资领域的某些特殊现象。前景理论认为风险决策可以看成是前景（prospect）和博弈（gambles）之间的选择。一个前景可以表示为 $(x_1,p_1;\cdots;x_n,p_n)$，其中 x_i 表示投资效益的输出，p_i 表示投资效益输出的概率，且 $p_1+p_2+\cdots+p_n=1$。

前景理论的应用需遵循以下的原则：

（1）期望值：$U(x_1,p_1;\cdots;x_n,p_n)=p_1u(x_1)+\cdots+p_nu(x_n)$。即总体的前景效益期望值是单个期望效益值之和。

（2）资产整合：若存在资产状况 w 使得 $U(w+x_1,p_1;\cdots;w+x_n,p_n)>u(w)$，

则 $(x_1, p_1; \cdots; x_n, p_n)$ 是可以接受的。即当整合的资产超过独立的资产时，这样的前景是可以接受的。

（3）风险规避：u 是凹的（$u'' < 0$）。当投资者相比风险性前景偏好于确定性前景时，那么他是风险规避的。在期望效用理论中，风险规避等价于效用函数的凹面。

Kahneman 和 Tversky 认为前景理论的选择过程包括了两个阶段。首先是编辑阶段（Editing phase），然后是评估阶段（Evaluation phase）。编辑阶段是前景的初步分析，以简化产生的前景。评估阶段是评估在编辑阶段简化的前景，并选出最高的前景值。

编辑阶段

编辑是为了重新组织、形成，以简化评估阶段的评估和选择。编辑由一系列的标准操作方法组成，将输出和其对应的概率进行转化，编辑阶段的主要的操作方法有以下几点：

①编码（Coding）。一般情况下，人们相对于最终的财富和福利，更加偏好于输出的收益和损失。当然，所谓收益和损失是以参考点为准的，参考点对应于当前所处的资产是一致的。同时，需要注意的是，前景的表达形式和决策者的期望将影响到参考点的位置，最终也会对输出的收益和损失的编码产生影响。

②组合（Combination）。前景可以通过相同的概率或输出来进行组合以简化。

③分离（Segregation）。在编辑阶段，有时候会出现无风险的情况，这个时候，我们可以将无风险部分从风险部分中分离出来。

④删除（Cancellation）。其本质就是删除在前景效用中所共享的部分。

⑤简化（Simplification）。是指通过将概率或者输出结果通过化整的过程使其简化。

⑥优势检查（Detection of dominance）。通过对前景进行仔细的检查，删除那些根本不需要进一步评估的具有优势的选项。

评估阶段

进行编辑之后，决策者将对每一个编辑的前景进行评估，并选择最高的期望值。将前面编辑后的前景的总价值定义为 V，由两个函数表示出来，一个是决策权重函数 $\pi(p)$，一个是价值函数 $v(x)$。决策权重函数 $\pi(p)$ 不是用来衡量概率的，而是反映了概率 p 对整个前景值的影响。价值函数 $v(x)$ 则对每一个输出 x 赋值，它表达了对应的输出 x 的主观价值，与定义的参考点有关。因此，价值函数 $v(x)$ 衡量的是偏离参考点的值。

因此，根据评估阶段可以发现前景理论涉及的两个重要的函数：价值函数和决策权重函数。

（1）价值函数

Tversky 和 Kahneman 给出了价值函数的数学表达形式，由两部分的幂函数形式组成[152]，

$$V(x)=\begin{cases} (x-x_0)^{\alpha}, & x \geq x_0 \\ -\lambda\,(x_0-x)^{\beta}, & x < x_0 \end{cases} \tag{4-28}$$

其中 x_0 为参考点，参数 $0 < \alpha < 1$ 和 $0 < \beta < 1$ 分别代表收益和损失的偏好系数，决策者的风险偏好越大，他们将愿意承担更大的风险。参数 λ 为损失厌恶的系数，用来衡量人们相对损失的厌恶程度[153]，即损失所带来的心理感受程度要大于同样幅度的盈利所带来的感受。如果 $\lambda > 1$ 指决策者对损失更加敏感。

价值函数是一条 S 形曲线，如图 4-2 所示。

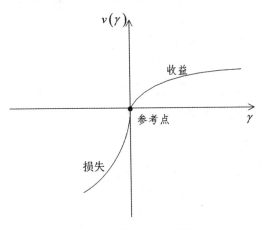

图 4-2　前景效用函数

根据价值函数的图像，可以看到价值函数具有如下特点：

①根据参考点，将价值函数被参考点分为了两个部分，一个为收益部分，一个为损失部分；

②一般情况下，价值函数在收益时是凹的，在损失时是凸的。这表明决策者在面临收益时，是属于风险规避型决策者，在面临损失时，是属于风险追求型决策者；

③相比收益曲线，损失曲线更加陡峭，并且在参考点位置是最陡峭的。这意味着在同等情况下，决策者对损失更加敏感。

（2）决策权重函数

在前景理论中，每一个输出值都是由决策权重得到的。但是决策权重不等同于概率，它不遵循概率相关的公理，也不能用信任度的测度进行衡量。

Kahneman 和 Tversky 给出了决策权重函数，如图 4-3 所示。决策权重函数具有如下特点：

①决策权重函数 $\pi(p)$ 具有与状态概率相关的凸特点，它是关于 p 的增函数，同时保证 $\pi(0)=0$ 以及 $\pi(1)=1$。

②当 p 非常小时，$\pi(p)$ 为次可加函数。即，当 $0 < r < 1$ 时，满足 $\pi(rp) > r\pi(p)$。

③不确定的决策权重之和小于确定的决策权重。即，当 $0 < p < 1$ 时，有 $\pi(p)+\pi(1-p) < 1$。

④对于某一固定的概率比例，当 $0 < p,q,r \leq 1$ 时，有 $\dfrac{\pi(pq)}{\pi(p)} \leq \dfrac{\pi(pqr)}{\pi(pr)}$。

⑤决策权函数曲线无限接近与两个端点 $\pi(0)=0$ 以及 $\pi(1)=1$。也就是说，当决策权重达到两个极端时，会过度放大概率极小或极大的事件。这种量子效应反映了确定性和不确定性的区别。因此，这种现象的出现使得决策权重函数 $\pi(p)$ 在端点不能很好地表示出决策者的行为。

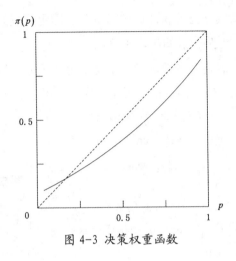

图 4-3 决策权重函数

4.3.3 群体多属性决策

群体多属性决策是指由多个专家组成的决策群体，就包括多个属性特征的多个方案进行决策，选出最优的方案，或者对方案进行排序。

群体多属性决策问题可以做如下描述：

设 R^n 为 n 维欧式空间，有一个拥有 l 个成员的专家群体，记为 $D=\{d_1, d_2, \cdots, d_k, \cdots, d_l\}$，有 m 个待评价的方案，记为 $X=\{x_1, x_2, \cdots, x_i, \cdots, x_m\}$，每个方案均有 n 个评价属性，记为 $U=\{u_1, u_2, \cdots, u_j, \cdots, u_n\}$，设 v_{ij}^k 为决策者 d_k 对于方案 x_i 的属性 u_j 的评价值。因此，可以得到决策者 d_k 的决策矩阵 $d_k=(v_{ij}^k)_{m\times n}$，由此可知，群体多属性决策一共包含了 l 个决策矩阵。决策者的决策矩阵表示为：

$$D^k=\begin{bmatrix} v_{11}^k & v_{12}^k & \cdots & v_{1n}^k \\ v_{21}^k & v_{22}^k & \cdots & v_{2n}^k \\ \vdots & \vdots & \ddots & \vdots \\ v_{m1}^k & v_{m2}^k & \cdots & v_{mn}^k \end{bmatrix} \qquad (4\text{-}29)$$

群体多属性决策中属性的选择和属性的规范化起到至关重要的作用，它直接关系到决策的结果。多个评价属性之间具有不同的衡量标准，不能直接进行比较，因此一般情况下，会首先对每一个属性进行规范化。属性种类比较多，有效益型属性、成本型属性、固定型属性和区间型属性。效益型属性是追求以效益为主，属于越大越好的属性；成本型属性是以降低成本为主，属于越小越好的属性；固定型属性是指其属性值越靠近某一固定值越好的属性；区间型属性是指其属性值越靠近某一区间越好的属性。

为了统一标准，需要对属性进行规范化处理，设 x_{ij}^k 为规范后的属性值。则下面给出效益型属性、成本型属性、固定型属性和区间型属性的规范化公式。

1. 效益型属性：$x_{ij}^k = (x_{ij}^k - \min_i x_{ij}^k) / (\max_i x_{ij}^k - \min_i x_{ij}^k)$；

2. 成本型属性：$x_{ij}^k = (\max_i x_{ij}^k - \min_i x_{ij}^k) / (\max_i x_{ij}^k - \min_i x_{ij}^k)$；

3. 固定型属性：$x_{ij}^k = \begin{cases} 1 - |x_{ij}^k - \alpha_j| / \max_i |x_{ij}^k - \alpha_j|, & x_{ij}^k \neq \alpha_j \\ 1, & x_{ij}^k = \alpha_j \end{cases}$，其中 α_j 为属性 j 的最优稳定值；

4. 区间型属性：$x_{ij}^k = \begin{cases} 1 - \dfrac{\max\{q_1^j - x_{ij}^k, x_{ij}^k - q_2^j\}}{\max\{q_1^j - \min_i x_{ij}^k, \max_i x_{ij}^k - q_2^j\}}, & x_{ij}^k \in [q_1^j, q_2^j] \\ 1, & x_{ij}^k \in [q_1^j, q_2^j] \end{cases}$，其中 $[q_1^j, q_2^j]$ 为属性 j 的最优稳定区间。

群体多属性决策主要分为三个阶段。首先，是获取评价信息，选择相关领域的专家，按照属性对方案进行评价，并最终得到初步评价值；其次，是专家评价信息的聚类，对相似度较高的专家的评价进行聚类；最后，是根据聚类的信息采用一定的方法对方案进行排序，选出最优方案。

4.3.4 DEA博弈交叉效率模型

数据包络分析（Data Envelopment Analysis，DEA）是著名的运筹学家 Charnes 和 Cooper 提出来的，用于评价效率的一种方法。

设有 n 个决策单元（$DMU_j (j=1,2,\cdots,n)$），DMU_j 有 m 个输入，s 个输出，分别表示为 $X_i = (x_{1j}, x_{2j}, \cdots, x_{mj})^T > 0$，$Y_r = (y_{1j}, y_{2j}, \cdots, y_{sj})^T > 0$，（$i=1,2,\cdots,m; r=1,2,\cdots,s; j=1,2,\cdots,n$）。其中，$m$ 个输入对应的权重表示为 $v = (v_1, v_2, \cdots, v_m)^T$，$s$ 个输出对应的权重表示为 $u = (u_1, u_2, \cdots, u_s)^T$。

每个决策单元 DMU_j 的效率评价指数为：

$$h_j = \frac{u^T y_j}{v^T x_j} = \frac{\sum_{r=1}^{s} u_r y_{rj}}{\sum_{i=1}^{m} v_i x_{ij}}, \quad j = 1, 2, \cdots, n \tag{4-29}$$

由此，Charnes 提出了 DEA 的最基本模型：CCR 模型。对于决策单元 DMU_d，可建立如下 CCR 模型。

$$\max \quad \frac{\sum\limits_{r=1}^{s} u_r^d y_{rd}}{\sum\limits_{i=1}^{m} v_i^d x_{id}}$$

$$s.t. \quad \frac{\sum\limits_{r=1}^{s} u_r^d y_{rj}}{\sum\limits_{i=1}^{m} v_i^d x_{ij}} \leq 1, \quad j=1,2,\cdots,n,$$

$$v_i^d, \ u_r^d \geq 0, i=1,2,\cdots,m; \ r=1,2,\cdots,s. \tag{4-30}$$

该模型的最直观的意义为：对每一个决策单元进行最有利于他的权重下的效率评价。为了方便求解，对模型进行 Charnes-Copper 变换。令 $t=1/(v^T X_d)$，$\omega=tv$，$\mu=tu$。

$$\max \quad \sum_{r=1}^{s} \mu_r^d y_{rd}$$

$$s.t. \sum_{i=1}^{m} \omega_i^d x_{ij} - \sum_{r=1}^{s} \mu_r^d y_{rj} \geq 0, \quad j=1,2,\cdots,n,$$

$$\sum_{i=1}^{m} \omega_i^d x_{id} = 1,$$

$$\omega_i^d, \ \mu_r^d \geq 0, \ i=1,2,\cdots,m; \ r=1,2,\cdots,s. \tag{4-31}$$

模型（4-31）即为 CCR 模型。然而，传统的 DEA 模型只能将决策单元分为两类：有效和非有效。不能对单个的决策单元进行分类、排序。为了对其进行改进，提出了交叉效率评价方法。

对于被评估的 DMU_d，我们将得到一组权重 ω_i^{d*}（$i=1,2,\cdots,m$），μ_r^{d*}（$r=1,2,\cdots,s$）。通过这一组权重，每一个承包商 j 的 $d-$ 交叉效率可以表示为，

$$E_{dj} = \frac{\sum\limits_{r=1}^{s} \mu_r^{d*} y_{rj}}{\sum\limits_{i=1}^{m} \omega_i^{d*} x_{ij}}, d,j=1,2,\cdots,n. \tag{4-32}$$

针对每一个决策单元，可以得到其交叉效率，因此得到了 n 个决策单元的交叉效率矩阵（见表 4-2）。

表 4-2　交叉效率矩阵

决策单元 DMU	1	2	···	n
1	E_{11}	E_{12}	···	E_{1n}
2	E_{21}	E_{22}	···	E_{2n}
···	···	···	···	···
n	E_{n1}	E_{n2}	···	E_{nn}
平均交叉效率	$\dfrac{1}{n}\sum\limits_{d=1}^{n} E_{d1}$	$\dfrac{1}{n}\sum\limits_{d=1}^{n} E_{d2}$	···	$\dfrac{1}{n}\sum\limits_{d=1}^{n} E_{dn}$

交叉效率通过决策单元间的互评减轻了传统 DEA 模型自评的弊端，决策单元不仅需要进行双向的比较，他们之间还存在直接或间接的竞争关系。因此，有学者将博弈论引入了 DEA 中。其中最具有代表性的研究是 Liang 等人[89]对交叉效率的改进，以及算法的设计。

假设决策单元 DMU 为非合作博弈的博弈者，另外一名决策单元 j 在使得自效率最大的情况下控制决策单元 d 的效率值 $r_d(r_d \leq 1)$ 不变，则相对于决策单元 d，决策单元 j 的博弈 $d-$ 交叉效率计算为：

$$\gamma_{dj} = \frac{\sum\limits_{r=1}^{s} \mu_r^d y_{rj}}{\sum\limits_{i=1}^{m} \omega_i^d x_{ij}}, \, d,j = 1,2,\cdots,n, \tag{4-32}$$

因此，我们可以得到每一个决策单元 j 的 DEA 博弈交叉效率模型：

$$\max \quad \sum_{r=1}^{s} \mu_{rj}^d y_{rj}$$

$$s.t. \sum_{i=1}^{m} \omega_{ij}^d x_{il} - \sum_{r=1}^{s} \mu_{rj}^d y_{rl} \geq 0, \quad l = 1,2,\cdots,n,$$

$$\gamma_d \times \sum_{i=1}^{m} \omega_{ij}^d x_{id} - \sum_{r=1}^{s} \mu_{rj}^d y_{rd} \leq 0,$$

$$\sum_{i=1}^{m} \omega_{ij} x_{ij} = 1,$$

$$\omega_{ij}^{d}, \quad \mu_{rj}^{d} \geq 0, \quad i=1,2,\cdots,m; \quad r=1,2,\cdots,s. \tag{4-33}$$

◎ 4.4 本章小结

本章节是本书的研究理论和方法基础。主要分为三个部分：

首先，对城市基础设施概念的发展史进行了描述，并对其进行了定义与分类，同时对城市公共基础设施的性质和特点进行了阐述。

其次，建立了城市公共基础设施投资效益评价与优化的理论基础。公共物品理论、公共选择理论、外部效用理论和系统论为将城市公共基础设施作为一个整体进行分析，通过研究人们在公共选择的过程中，为如何使得经济、社会、环境效益的最大化提供了理论依据。行为决策理论、博弈论和资源最优配置论，为全面分析决策者在面临风险时对决策的影响以及在资金有限的情况下，城市（博弈者）获得最优的资源配置所采用的方法提供了理论支撑。

最后，构建了城市公共基础设施投资效益优化模型框架，详细地介绍了群体多属性的决策过程，为第五章的公共基础设施效益优化模型提供了方法基础；模糊数的运算法则为第六章的三角模糊数的计算做了铺垫；DEA 博弈交叉效率模型和前景理论为第七章和第八章模型的建立提供了理论依据。

第5章　基于群体多属性决策的城市公共基础设施投资分配研究

　　城市水资源的加剧恶化，使得交通越来越拥堵、雾霾越来越严重、洪涝次数越来越频繁，对城市经济、社会、环境效益产生了严重的影响。因此，要全面适应并跟上城市公共基础设施的不断发展的步伐，城市基础设施的改革显得尤为重要。在现实情况下，决策者进行投资的目标是为了实现资金的稳定快速增长并能有效的控制决策的失误与风险。在此期间，决策者需要不断地对城市公共基础设施系统进行分析以实现其决策意图。

　　城市公共基础设施的建设水平的高低直接影响着城市的发展程度。建立完善的融资体制，科学合理的分配投资资金，已成为促进城市公共基础设施建设的必然要求。然而，在以往对城市公共基础设施的投资效益优化模型中以单目标或者单准则进行研究的较为常见，很少研究多目标、多准则或者同时考虑多目标、多准则的投资效益优化模型。本章重点将群体多属性决策应用到城市公共基础设施的投资效益优化模型中，研究城市公共基础设施六大系统（能源供应设施、给排水及污水处理设施、交通运输设施、邮电通信设施、环境保护设施、防灾安全设施）在就业机会、收入水平、经济增长、资金投入、能源消耗的多属性环境中的综合效益评估情况以及资金的最佳分配情况。

　　为了研究城市公共基础设施的投资效益，本章主要利用群体多属性决策模型分析城市公共基础设施投资效益优化的情况。在这一章中，首先将群体多属性决策的思想应用到城市公共基础设施效益的评估上，并构建了城市公共基础设施投资综合效益最优模型。同时，为了考虑群体多属性决策结果的稳定性，掌握决策矩阵的变化对决策结果的影响，本章还对所获得的结果进行了灵敏度分析，最后根据所提出的模型，用 Lingo 软件进行求解。

◎ 5.1 文献综述

关于公共管理领域进行投资资金分配的研究一直是重点发展课题。例如，Hajkowicz[154] 等在解决公共环境管理问题中，建立了一种多标准分析方法的决策模型用来分配财政资金，研究结果表明 Hajkowicz 的多标准决策支持模型为利益相关者提供了一种有效的手段来探索资源共享问题。Yu 等 [155] 提出了一种新的效益优化模型，用于配置主权财富基金，Yu 等将主权财富基金分为战略资产分配基金和策略资产分配基金两个部分进行考虑，并根据战略资产的风险值，将其分为高风险资产、中风险资产、低风险资产、无风险资产 4 种类型的资产。Fang 等 [156] 提出了一种新颖的集中资源分配模型，将结构效益进一步分解成三个部分：整合技术效率、整合分配效率和再次转移效率。该模型不仅能够使主要的决策者灵活地对输入和输出指标进行调整，同时还能够识别总输入搜索资源。最后 Fang 等通过案例对模型进行了验证，解释了集中资源分配模型的重要性。Fan 等 [157] 认为资源分配问题是指将有限的资源合理地分配给多个项目，以达到最优化目标的目的，并认为资源有很多种类，包括原材料、资金、机器和设备以及劳动力和食物，等等。其中城市公共基础设施的投资资金分配也属于其中的一个范畴，为了解决这些资源的分配问题，作者建立了多目标的资源分配模型，并构建了修正的粒子群算法对该模型进行求解。Zayed 等 [158] 研究了城市水务基础设施系统的资金分配问题，认为给水、排水及污水处理设施非常重要，因此有必要将预算资金根据优先次序分配给候选的项目，以保证整个短期和长期网络工程的维修建设。邵东国等 [159] 认为防洪工程建设十分重要，面对紧张的资金问题，资金的合理分配也不能小觑。为了提高防洪的标准和效益，邵东国建立了多目标的群体决策模型。同时，根据各个地区对总体满意度的偏好情况，得到了群体基础偏好权重，并运用加权法思想和交互式决策技术思想进行反复计算，最终得到了防洪工程建设投资资金的分配的满意解。王威等 [160] 对地震灾害后的资金分配进行了研究，建立了动态的非线性规划模型。该模型将需要解决的问题分为若干阶段，并将每一个阶段独立出来进行考虑，最后构成一个完整的投资分配方案。针对大量的数值计算问题，王威等利用遗传算法（GA）在 MATLAB 平台上进行运算，具有一定的实用价值。魏权龄等 [161]

以 DEA 的原理和模型为基础，用于判断经济单位是否有效地使用了资金；对总资金的分配是否合理以及最佳总资金预算为多少等问题提出了解决方案。

以上研究均以效益最优为目标，构建效益优化模型，并进行求解。然而，对于资金分配问题，基本以金融学的投资组合模型为主，以城市公共基础设施为核心的投资效益优化模型的相关研究仍然不够深入，针对性不够强，在这一方面仍然有很大的进步空间。

同时，到目前为止，尽管城市公共基础设施投资效益优化问题已经取得一定的成果，但是这些研究大多数是建立在理论研究的基础上，并没有得到实质性的解决。同时，还可以发现城市公共基础设施建设投资受到外部的影响较大，不仅仅受到了国家相关政策的影响，决策者的自身因素也会影响到其投资决策。这就决定了在进行城市公共基础设施投资时存在大量的不确定性。为了探讨城市公共基础设施投资效益，在本章中我们利用群体多属性决策方法，对城市公共基础设施进行评价，以此来分析模糊不确定情况下的城市公共基础设施投资效益决策。

接下来，我们通过分析城市公共基础设施建设可能存在的问题，构建基于群体多属性决策的城市公共基础设施投资效益模型，并用之解决城市公共基础设施投资的资金分配问题。

◎ 5.2 城市公共基础设施建设存在的融资问题

5.2.1 国家财政资金投入低

国家财政资金投入低是城市公共基础设施建设融资问题的主要问题之一。首先，对于城市公共基础设施而言，具有工程规模较大、施工周期较长的特点，因此需要较大的资金用于投资建设城市公共基础设施，而国家财政资金的划拨具有严格的审批规范程序，具有耗时长的缺点，除此之外，划拨的资金额度也受到了一定的限制；其次，对于地方而言，由于中央下拨给地方财政的资金补助较少，因此对城市公共基础设施的资金投入也会比较低。

5.2.2 企业融资困难

由于城市公共基础设施的固有特性，需要大量的资金来源，但是很难在短期内得到相应的补偿，受外部环境的影响较大，因此对不具有雄厚经济资本的企业融资具有一定的难度。2018 年 6 月 5 号国家开发银行将棚改项目的贷款审批权收回总行，这标志着公私合营模式的项目信贷政策的进一步收紧，以此为信号各金融机构可能对介入公私合营模式的项目更加审慎，今后棚改项目融资审批难度将增大[162]。这一举措从侧面反映了企业融资贷款的难度进一步加大，同时对筛选城市公共基础设施融资项目的企业具有一套非常严格的要求，这就阻碍了部分私营企业的招标，限制了企业的参与。

5.2.3 融资后资金分配存在问题

即使能够得到资金的支持，但是如何将资金合理的投放也是一个非常棘手的问题。首先，缺乏规范的资金分配规则和体系，经常出现"乱投乱分"的情况，资金分配不合理；其次，缺乏对资金流向的监督问题，使得资金的使用情况不再透明化；再次，资金分配不均匀，城市公共基础设施的投资存在区域投资不平衡问题。虽然中国中、西部地区的城市公共基础设施投资空间要比东部地区大。但是，受到地方经济实力和发展潜力的影响，中国的城市公共基础设施的投资明显趋向于经济发达的东部地区城市。中、西部地区城市基础设施建设步伐远远落后于东部沿海等地区。

◎ 5.3 城市公共基础设施效益评价评判属性

城市公共基础设施为城市带来的效益是显而易见的，不仅仅体现在能推动城市经济的发展，还能在一定程度上解决城市就业难题、改善城市居民的生活水平以及改善城市的环境污染等问题。

5.3.1 评价指标体系遵循的基本原则

城市公共基础设施评价指标需要从国家层面和社会层面出发，选取其相应的指标。在六大城市公共基础设施子系统中，需要综合考虑每一类基础设施系统在经济、社会、环境三个方面对城市整体带来的影响，以及六大基础设施子系统自己本身所需要的资金需求等多个方面的影响。然而，由于客观条件的限制，不能将每个因素都考虑到位。因此，为了能较为客观地将资金分配至各个系统，本章选择了较为重要和具有代表性的因素作为评价的指标，这就需要按照一定的原则来构建综合评价指标体系。

首先要具有完备性原则，既要有反映局部和当前特征的指标，又要有反映整体和长远特征的指标，同时指标选取具有代表性，避免重复和漏选。

其次要具备代表性原则，在选择指标的过程中，要考虑多方面的因素，但是将所有考虑到的因素作为评价指标是不可行的。因此，在选择指标体系时，要从城市公共基础设施的特征入手，每一个指标均能从侧面反映其特征，这样才能更好更全面的评价研究对象。

最后要具备实用性原则，所选择的指标必须是可度量的，由于大部分数据主要来源于各类统计年鉴和城市政府公报，因此还要考虑数据的可获取性，优先考虑拥有数据齐、数据全的指标。对于非常重要指标而又缺乏数据的情况下，可以采用问卷调查的方式或者访问专家的方式进行获取。

5.3.2 评价指标的选取

本章选取六大城市公共基础设施系统评价指标作为资金分配的主要指标，包括：就业机会、收入水平、经济增长、资金投入和能源消耗。其中就业机会和收入水平从社会角度来衡量基础设施带来的效益；经济增长和资金投入指标从经济角度衡量了基础设施带来的效益；能源消耗指标从环境角度衡量了基础设施带来的效益[163]。

（1）就业机会。就业机会是公共基础设施为城市带来的重大社会效益之一，在能源供应设施、给排水及污水处理设施、交通运输设施、邮电通信设施、环境保护设施、防灾安全设施这六大基础设施系统中，每个系统提供的就业岗位和数量均不同，从其提供的岗位数量与整个城市提供的岗位数量对比来判断该设施系统提供就业机会的能力。

（2）收入水平。收入水平是公共基础设施为城市带来的另一社会效益，对于城市公共基础设施系统在为城市提供就业机会数量的同时，其对应的收入水平也是衡量城市公共基础设施社会效益的指标之一，它可以通过由在该系统工作的职工平均收入水平与整个城市职工平均工资的对比来判断。

（3）经济增长。基础设施在经济发展中的重要作用主要体现在其具有的溢出效应或外部性上。城市公共基础设施投资是需求的一辆"马车"，能拉动需求和资本的积累，刺激城市经济的增长。同时，城市公共基础设施的外部效应也能从侧面拉动城市经济的增长。城市公共基础设施为城市经济带来的增长是衡量城市经济效益的重要指标之一，可以通过由基础设施建设带来的经济增长与整体城市经济增长水平的比重进行评估。

（4）资金投入。资金投入是城市公共基础设施衡量经济效益的指标之一，基础设施具有工程规模较大、施工周期较长的特点，需要较大的资金用于投资建设基础设施，因此城市基础设施建设资金投入占城市全社会固定资产投资总额比重也是衡量城市经济效益的重要指标之一。

（5）能源消耗。城市公共基础设施在建设过程中，会产生能源的消耗，造成环境的污染；另外，在城市公共基础设施建成后，也会产生能源的消耗，尤其包含电力、热力和燃气的生产和供给的基础设施，对城市能源的消耗占比是十分巨大的，因此能源消耗水平可以较好地用来衡量其带来的环境效益。

◎ 5.4 城市公共基础设施投资效益优化模型与分析

在利用群体多属性决策的城市公共基础设施投资效益评估过程中，需要有多位决策专家对城市公共基础设施的六大系统（分别为能源供应设施、给排水及污水处理设施、交通运输设施、邮电通信设施、环境保护设施、防灾安全设施）进行评分。决策专家群体来自不同学科领域，他们需根据自身的知识水平，分别从各个方面对六大系统进行评价，最后对六大系统进行先后排序，分出其重要等级。

5.4.1 问题的描述

城市公共基础设施的发展是整个城市经济发展的基础。城市发展的主要工作就是城市公共基础设施建设和运营，关于城市公共基础设施建设资金的融资、支配、运营已经被政府相关部门所重视。因此，为了找到科学合理的资金分配方法，本章建立了城市公共基础设施的投资效益优化模型。

由于城市公共基础设施由多个子系统构成，因此本章将所要研究的城市公共基础设施效益优化问题具体界定为：政府部门将资金分多期拨付给城市公共基础设施的多个子系统。考虑到城市公共基础设施系统的相对重要性及对资金所带来的投资效益不同，需对其进行综合评估。最后根据评估结果对资金进行合理分配，在有限资金的情况下，最终使得城市公共基础设施的综合效益最优[164]。

群体多属性决策问题的求解可以归纳为群体偏好信息的预处理、群体成员的聚集、权重的获取三个阶段。受到决策群体规模以及方案数量的影响，将群体决策用统一的数学语言对群体偏好信息进行预处理，构建多属性专家群体的偏好矩阵，并提出群体成员的聚集算法，获得多属性权重。

5.4.2 建立多属性专家群体偏好矩阵

对于多属性群体决策问题，每个评估对象需要对多个评估标准进行评估。因此，专家对于每个评估对象会有多个评分值，得到一组评估矢量，称为偏好矢量，最终可以得到由多个专家的偏好矢量形成的多属性专家群体偏好矩阵。以此为基础，定义了以城市公共基础设施子系统为评价对象的群体偏好矢量以及由此构建的多属性群体专家偏好矩阵。

设有 m 个专家对 p 个城市公共基础设施子系统的 l 个评判属性进行评估，评估值为 e_{ij}^k，（其中 $i=1,2,\cdots,l$；$j=1,2,\cdots,p$；$k=1,2,\cdots,m$）。令 $E_j^k=(e_{1j}^k,e_{2j}^k,\cdots,e_{lj}^k)$ 为第 k 个专家对第 j 个城市公共基础设施子系统的评估偏好向量。

随着决策专家群体的扩大，加上决策专家群体来自不同的领域，对城市公共基础设施很难形成一致的决策。因此，需要对这些决策专家群体进行聚类分析，对决策意见类似的专家聚集成一个集合后进行讨论。

设第 j 个城市公共基础设施系统存在两个偏好向量 E_j^α 和 E_j^β（$k=1,2,\cdots,\alpha,\cdots,\beta,\cdots,m$），定义相聚度[165]：

$$r_{\alpha\beta}^j\left(E_j^\alpha,E_j^\beta\right)=\frac{\Xi_j^\alpha\cdot\left(\Xi_j^\beta\right)^T}{\left\|\Xi_j^\alpha\right\|_p\left\|\Xi_j^\beta\right\|_q},\qquad(5-1)$$

其中，$\Xi_j^\alpha=\left(\left|e_{1j}^\alpha-\bar E_j^\alpha\right|\left|e_{2j}^\alpha-\bar E_j^\alpha\right|\cdots\left|e_{lj}^\alpha-\bar E_j^\alpha\right|\right)$，$\Xi_j^\beta=\left(\left|e_{1j}^\beta-\bar E_j^\beta\right|\left|e_{2j}^\beta-\bar E_j^\beta\right|\cdots\left|e_{lj}^\beta-\bar E_j^\beta\right|\right)$，$\bar E_j^\alpha=\frac1l\sum_{i=1}e_{ij}^\alpha$，

$\bar{E}_j^\beta = \frac{1}{l}\sum_{i=1}^{l} e_{ij}^\beta$ ；$1 < p < +\infty, 1 < q < +\infty$ ， $\frac{1}{p} + \frac{1}{q} = 1$ ；$\|\cdot\|_p$表示矢量的 p 范数，$\|\cdot\|_q$表示矢量的 q 范数。

对专家的评估进行聚类，并引入阈值 γ 用来决定专家的聚集情况：

$$r_{\alpha\beta}^j(E_j^\alpha, E_j^\beta) \geq \gamma \tag{5-2}$$

若满足条件（5-2），则专家群体的偏好向量属于这一聚集。否则，不属于同一聚集。由文献 [165]、[166] 可知，当 $\gamma = 0.9$ 时，计算结果的聚集一致性最好。

设专家群体共有 A 个聚集，ξ_j^a 为第 j 个城市公共基础设施子系统第 a 个聚集的成员数（其中 $1 \leq a \leq m$）。令 C_j^a 表示第 a 个聚集，并设定聚集的偏好向量 $G_j^a = \sum_{E_j^k \in C_j^a} E_j^k$，对 G_j^a 进行标准化后得到单位偏好向量 $\dot{G}_j^a$（$\dot{G}_j^a = G_j^a / \|G_j^a\|_2$）。

设第 j 个城市公共基础设施子系统的群体偏好为 $S_j = \sum_{a=1}^{A} \frac{\xi_j^a}{m} \dot{G}_j^a$，对其进行标准化后得到群体偏好矩阵 $S = (s^1 \cdots s^p)^T$，（$\dot{S} = s_j / \|s_j\|_2$）。

5.4.3 群体成员聚集算法分析

根据相聚度 $r_{\alpha\beta}^j(E_j^\alpha, E_j^\beta)$，将专家群体进行聚类，形成不超过群体 m 的聚集数（m 为群体专家的总数）。利用阈值 γ，用于判断两个偏好向量之间的相聚度。对于一个已经形成的聚集，从群体中选择一个向量，若该向量与该聚集所有向量的线性组合大于或者等于阈值 γ，则将这个偏好向量分配给该聚集。否则，将该偏好向量分配给一个临时聚集。当所有的偏好向量被分配到所有的聚集中时，算法停止。

步骤 1 把专家群体中的所有偏好向量组合成一个集合 U。并对偏好向量进行排序，序号为 1～m。同时，设置一个临时集合 T。

步骤 2 初始化聚集计数器 t，偏好向量序号为 k，阈值为 γ。

步骤 3 从集合 U 中依次选取偏好向量 E_j^k，把它分配到聚集 C_j^a 中，并从集合 U 中剔除偏好向量 E_j^k，同时聚集 C_j^a 的成员计数器 $\xi_j^a = 1$。

步骤 4 对聚集 C_j^a 中的所有偏好向量进行线性组合，记为 Y，$Y_j = \frac{1}{\xi_j^a}\sum_{k=1}^{\xi_j^a} E_j^k$。

步骤 5 若 U 集为非空集，则从 U 集中选择第二个偏好向量 E_j^k（$k=k+1$）；若 U 集为空集，则转步骤 7。

步骤 6 根据（5-1）计算 E_j^k 与 Y 的相关度。若 E_j^k 与 Y 的相关度大于阈值 γ，则把 E_j^k 分配到 C_j^a 中，并移除 U 集中的 E_j^k，同时聚集 C_j^a 的成员计数器 $\xi_j^a = \xi_j^a$

+1。若 E_j^k 与 Y 的相关度小于阈值 γ，则把 E_j^k 分配到临时集合 T 中，同样也要移除 U 集中的 E_j^k。转步骤4。

步骤7 若临时集合 T 为非空集合，则赋值 $U=T$，$T=\varnothing$。聚集计数器 $t=t+1$，转步骤3，否则算法停止。

5.4.4 投资的多属性权重的确定

根据 Shannon 提出的信息论 [167]，在信息论中信息和熵均被当作系统的一种度量工具，只不过信息用来度量系统的有序程度，熵用来度量系统的无序程度。从实践经验上来说，一个事件发生概率的大小与获得这个事件信息量的多少有关。

本章采用的是离散熵（统计平均不确定性度量），对于概率空间 $[X, P_X]=[x_k, P_k|k=1, 2, \cdots, K]$ 各个符号的先验不确定性为自信息量 $I(x_k)$，$k=1, 2, \cdots, K$（其中 $I(x_k)=-\log P(x_k)$）来定义。令信息源 X 的（统计）平均不确定性记为 $H(X)$，即 K 个 $I(x_k)$ 统计平均值 [168]

$$H(X)=H(p_1, p_2, \cdots, p_k)=\sum_{k=1}^{K} p_k I(x_k)=-\sum_k p_k \log p_k \qquad (5-3)$$

（5-3）式由 Shannon 提出，同时与热力学中的熵相似，因此通常称为 Shannon Entropy（香农熵），用于衡量离散随机变量的先验（统计）平均不确定性。

根据 5.4.2 节，对群体偏好矩阵取均值，令第 i 个评判属性在 p 个城市公共基础设施子系统中的均值为 $\bar{s}_{ij}=s_{ij} \cdot \left(\sum_{j=1}^{p} s_{ij}\right)^{-1}\left(\left(\sum_{j=1}^{p} s_{ij}\right) \neq 0\right)$。

利用式（5-3），本章将熵定义为 [146]：

$$H_i=-\frac{1}{\ln p} \sum_{j=1}^{p} \left(\bar{s}_{ij} \ln \bar{s}_{ij}\right) \qquad (5-4)$$

根据熵的定义，城市公共基础设施系统的熵越大，说明了该系统在该属性的评价值与该属性的平均值越接近，根据文献 [169]，定义熵权：

$$h_i=\frac{1-H_i}{l-\sum_{i=1}^{l} H_i} \qquad (5-5)$$

令群体偏好的评价属性权向量 $H=(h_1, \cdots, h_l)$，$\sum_{i=1}^{l} h_i=1$。最终得到 p 个城市公共基础设施子系统的综合评估向量：

$$R=H \cdot S' \qquad (5-6)$$

其中，$R=(r_1 \cdots r_j \cdots r_p)$。

5.4.5 模型的建立

通过多属性群体决策模型得到了公共基础设施六大子系统综合评估权重，在获得权重的基础上，为了使得城市公共基础设施的综合效益最优，建立了公共基础设施投资效益优化模型。θ_{tj} 表示将第 t 批资金分配给第 j 个城市公共基础设施子系统的资金额比率；μ_{tj} 表示将第 t 批资金分配给第 j 个城市公共基础设施子系统获得的效益；w_t 表示第 t 批资金占总资金的比率；r_j 表示专家群体对第 j 个城市公共基础设施子系统的综合效益的总评估值。模型如式（5-7）：

$$\max_{\theta} f = \sum_{t=1}^{n}\sum_{j=1}^{p}\theta_{tj}\mu_{tj} ,$$

$$s.t. \ \sum_{t=1}^{n}\sum_{j=1}^{p}\theta_{tj}=1 ,$$

$$0 \le \theta_{tj} \le 1 ,$$

$$\mu_{tj} = w_t \cdot r_j . \tag{5-7}$$

其中，$t=1, 2, \cdots, n$；$j=1, \cdots, p$。第一个约束条件是为了保证城市公共基础设施子系统的资金分配比重之和为 1，第二个约束条件是为了保证每一期每一个城市公共基础设施子系统的权重位于区间 [0-1] 之间。

◎ 5.5 应用实例

以建设部发布的《城市规划基本术语标准》的分类方式为标准，本章将城市公共基础设施分为能源供应设施系统、给排水及污水处理设施系统、交通运输设施系统、邮电通信设施系统、环境保护设施系统、防灾安全设施系统六大类。以它们为资金分配对象，对他们进行分析。

假定某部门将资金分 3 批拨付给六类公共基础设施系统。首先对基础设施系统进行综合效益评估。由 10 个专家分别给六大基础设施系统的 5 个评判属性（就业机会、收入水平、经济增长、资金投入、能源消耗[163]）进行评价。对于给定的指标，设专家打分的分值区间为 [0-1]。在 MATLAB R2011b 平台下，计算后可以得到群体成员的偏好情况，整理后如表 5-1 所示。

表 5-1　群体成员偏好表

系统	聚集成员	聚集偏好矢量	群体偏好矢量	综合评估权重
给排水及污水处理系统	E_1^1，E_1^3，E_1^5，E_1^6，E_1^{10}	(0.4235　0.3944　0.4829　0.5119　0.4120)	(0.4370 0.4418 0.4578 0.5271 0.3555)	0.4440
	E_1^2，E_1^4	(0.4607　0.4594　0.3927　0.5560　0.3367)		
	E_1^7，E_1^8	(0.5237　0.5330　0.4396　0.4505　0.2131)		
	E_1^9	(0.2442　0.4205　0.4569　0.6505　0.3628)		
交通系统	E_2^1	(0.5231　0.3511　0.4142　0.3949　0.5250)	(0.4478 0.4227 0.3930 0.4755 0.4901)	0.4455
	E_2^2，E_2^5，E_2^9，E_2^{10}	(0.4411　0.4510　0.4115　0.4261　0.5011)		
	E_2^3，E_2^7	(0.4793　0.4779　0.2671　0.5167　0.4512)		
	E_2^4，E_2^6	(0.4958　0.3059　0.4388　0.5097　0.4564)		
	E_2^6	(0.1972　0.4639　0.4197　0.5570　0.5095)		
邮电系统	E_3^1，E_3^5，E_3^6，E_3^8	(0.4235　0.4593　0.4997　0.4448　0.4027)	(0.4475 0.3861 0.5278 0.4263 0.4364)	0.4453
	E_3^3，E_3^7，E_3^{10}	(0.4429　0.4177　0.4440　0.4013　0.5208)		
	E_3^2	(0.5479　0.1899　0.5133　0.4770　0.4156)		
	E_3^4	(0.3705　0.4916　0.5986　0.2295　0.4583)		
	E_3^9	(0.2507　0.4816　0.6109　0.3522　0.4560)		
能源系统	E_4^1，E_4^5，E_4^6，E_4^7，E_4^8		(0.3437 0.4884 0.5096 0.3030 0.5402)	0.4371
	E_4^9，E_4^{10}	(0.3100　0.5237　0.4849　0.3234　0.5384)		
	E_4^3，E_4^4	(0.4310　0.1737　0.5932　0.3366　0.5647)		
	E_4^2	(0.4035　0.5015　0.5327　0.2019　0.5110)		
防灾系统	E_5^1，E_5^6，E_5^7，E_5^8，E_5^{10}	(0.5500　0.3559　0.3706　0.4492　0.4814)	(0.4966 0.3994 0.4181 0.4283 0.4854)	0.4454
	E_5^2，E_5^5	(0.3714　0.3785　0.4350　0.5814　0.4376)		
	E_5^3，E_5^4，E_5^9	(0.4730　0.4713　0.4708　0.2760　0.5063)		

续表 5-1

系统	聚集成员	聚集偏好矢量	群体偏好矢量	综合评估权重
生态系统	E_6^1，E_6^5，E_6^6，E_6^9，E_6^7	(0.4217 0.4506 0.4966 0.4712 0.3879)	(0.4461	
	E_6^2，E_6^4	(0.5860 0.2120 0.4129 0.5573 0.3614)	0.4269	
	E_6^3，E_6^8	(0.3429 0.4155 0.6830 0.3940 0.2968)	0.5317	0.4447
	E_6^{10}	(0.3931 0.6640 0.5209 0.1126 0.3473)	0.4473	
			0.3687)	

通过综合群体多属性决策模型和熵得到了给排水及污水处理系统、交通运输系统、邮电通信系统、能源供应系统、防灾安全系统、生态系统的综合评估权重，分别为 0.4440，0.4455，0.4453，0.4371，0.4454，0.4447。

在群体多属性决策问题中，决策中的数据主要来自决策者的主观评价。然而由于决策者为来自不同领域的专家，他们的知识结构、认知偏好程度、对方案的了解程度存在一定的差异，加上决策方案本身具有的复杂性，从而导致决策者在评价的结果上存在很大的差异，那么最终因此而得到的群体意见可能与客观事实相差很远。因此通常需要考虑决策结果的稳定性，掌握决策矩阵的变化对决策结果的影响，即灵敏度分析[170]。根据文献[171]的方法，计算使得任意两个属性排序不变的稳定区间，设属性 i（就业机会、收入水平、经济增长、资金投入、能源消耗）权重的扰动值为 $\triangle i$，在其他属性权重保持不变的情况下。计算结果如表 5-2 所示。

表 5-2 属性权重稳定区间

属性权重	权重 1	权重 2	权重 3	权重 4	权重 5
P21	$(-0.200, --)$	$(-0.203, 0.215)$	$(-0.187, 0.063)$	$(-0.200, 0.079)$	$(-0.031, --)$
P31	$(-0.068, --)$	$(-0.203, 0.013)$	$(-0.010, --)$	$(-0.200, 0.007)$	$(-0.009, --)$
P14	$(-0.059, --)$	$(-0.203, 0.119)$	$(-0.187, 0.107)$	$(-0.025, --)$	$(-0.210, 0.03)$
P51	$(-0.057, --)$	$(-0.203, 0.080)$	$(-0.187, 0.086)$	$(-0.2, 0.034)$	$(-0.026, --)$
P61	$(-0.063, --)$	$(-0.203, -0.038)$	$(-0.008, --)$	$(-0.2, -0.007)$	$(-0.043, --)$
P23	$(-0.200, --)$	$(-0.093, --)$	$(-0.187, 0.025)$	$(-0.069, --)$	$(-0.063, --)$
P24	$(-0.093, --)$	$(-0.203, 0.147)$	$(-0.187, 0.083)$	$(-0.056, --)$	$(-0.021, 0.193)$

续表 5-2

属性权重	权重 1	权重 2	权重 3	权重 4	权重 5
P25	(-0.200, 0.014)	(-0.030, --)	(-0.187, 0.028)	(-0.015, --)	(-0.150, --)
P26	(-0.200, --)	(-0.203, 1.12)	(-0.187, 0.034)	(-0.166, --)	(-0.166, --)
P34	(-0.060, --)	(-0.203, 0.061)	(-0.187, --)	(-0.051, --)	(-0.210, 0.060)
P53	(-0.055, --)	(-0.203, --)	(-0.187, 0.025)	(-0.200, --)	(-0.055, --)
P36	(-0.200, --)	(-0.203, 0.032)	(-0.187, 0.330)	(-0.2, 0.061)	(-0.190, --)
P54	(-0.059, --)	(-0.203, 0.100)	(-0.187, 0.098)	(-0.071, --)	(-0.210, 0.163)
P64	(-0.049, --)	(-0.203, 0.081)	(-0.187, --)	(-0.034, --)	(-0.210, 0.029)
P56	(-0.079, --)	(-0.203, 0.145)	(-0.187, 0.035)	(-0.200, 0.210)	(-0.034, --)

注：a. $P_{st,i}$ 表示在属性 i 下，当权重在该区间变化时，s 系统和 t 系统的综合评估权重的排序情况不会发生改变。b. "--"表示在可能大的情况下，方案排序不会发生变化。

根据计算结果表 5-2，可以得到任意两个属性权重排序不变的稳定区间。若"就业机会"属性权重的扰动值在 (-0.049, 0.014) 之间，则对城市公共基础设施六大系统的评估情况不会有影响；当"收入水平"属性权重的扰动值在 (-0.030, 0.013) 之间，不会对各个系统的评估排序情况产生影响；当"经济增长"属性权重的扰动值在 (-0.008, 0.025) 之间时，不会对整体系统的评估排序产生影响；当"资金投入"属性权重的扰动值在 (-0.015, -0.007) 之间时，不会对各个系统的排序情况有影响；当"能源消耗"属性权重的扰动值在 (-0.009, 0.003) 之间时，能保证各个系统的排序情况不会受到影响（见表 5-3）。

表 5-3 属性权重的最大变化区间

属性权重	1	2	3	4	5
最大变化区间	(-0.049, 0.014)	(-0.030, 0.013)	(-0.008, 0.025)	(-0.015, -0.007)	(-0.009, 0.003)

在完成灵敏度分析后，将由群体多属性和熵值法得到的权重联立模型（5-7）进行求解，最终得到投资权重分配结果。

城市公共基础设施综合效益值为 0.1485，结果表明交通基础设施系统相比其他系统而言的更加重要，交通基础设施属于生产性基础设施，所带来的经济效益要明显高于其他城市公共基础设施系统所带来的经济效益，在进行资金投资时，相比其他城市公共基础设施子系统，应重点考虑交通设施系统的资金分配，然后再考虑其他城市公共基础设施系统的投资分配情况。另外，我们可以看到将资金进行分批研究对结果并没有影响，每批次的城市公共基础设施资金投资是相互独立的。

◎ 5.6 本章小结

本章利用了群体多属性决策理论，研究了城市公共基础设施投资分配的问题。根据专家群体的偏好向量，对专家进行了聚类分析。同时，为了保证群体多属性决策结果的稳定性，对每一个属性的评分数据进行了灵敏度分析。在本章中，将城市公共基础设施分为了六大系统进行讨论，专家群体对每一个系统从就业机会、收入水平、经济增长、资金投入、能源消耗这五个方面进行了评分。研究结果表明，在城市公共基础设施投资分配的过程中，为了使得公共基础设施投资综合效益最优，应该重点并优先考虑交通运输基础设施的投资。交通运输基础设施作为城市经济发展的血液，促进城市之间的经济贸易的往来，同时也能带动城市周边地区的发展，理应重点投资建设。本章的研究对于进一步提高城市公共基础设施利用经济效益和进行最佳资金分配均具有实际价值。

第6章 基于粒子群算法的城市公共基础设施模糊投资优化研究

在第五章中，我们利用了群体多属性决策理论研究了城市公共基础设施的投资分配问题。建立了综合效益最优的评价模型。事实上，在评价研究中，已有一些研究表明评价的模糊性也是不容忽视的，如：三角模糊数的加权平均在评价中的应用[172]、AHP的模糊综合评价方法[173]、模糊灰色综合评价方法[174]等。为了分析模糊不确定投资环境中的城市公共基础设施投资情况，在本章中，我们将引入三角模糊数加以分析和研究。同时，在引入交易成本的基础上，考虑了城市公共基础设施对经济、社会、环境三方面的影响，建立了基于粒子群算法的城市公共基础设施模糊投资优化模型，使得在给定风险最大容忍度水平的前提下，追求利益最大化。

◎ 6.1 引 言

为了综合衡量公共基础设施给城市带来的经济效益、社会效益、环境效益的影响，已有大量学者对基础设施综合效益进行了评价研究。王华和苏春梅[175]以市政建设项目为研究对象，对社会效益和环境效益进行了评价。他们将社会效益和环境效益进行了定量化和货币化处理，选择经济净现值为评价指标，对南京地铁进行了评价。滕敏敏等[25]构建了大型基础设施建设项目的社会评价指标体系，以中国的大型基础设施为前提，将包含关于大型基础设施的61个初始指标集通过层层精练与筛选，从个人、社区、政治、项目、公共资源、环境、社会这七个方向为标准，最终选择了27个指标作为评价大型基础设施的指标体系，为大型基础设施的社会影响评价提供了较为全面的依据。王建军和严宝杰[176]综合利用定量和定性方法研究了公路建设项目的社会经济效益的评价方法。曾国安和尹燕飞[146]将劳动力和物质资本作为输入指标，将经济的增长作为输出指标，以 2010 年的数据对中国基础设施的效率水平进行了评价。评价结果认为中国基础设施的利用效率依次由东向中、西部地区递减，并且表明东部地区的基础设施更能促进经济的增长，中部地区的环境污染程度是最严重的，西部地区的基础设施对促进经济增长的作用是最小的。

这些研究都是基于对公共基础设施效益的评价问题的研究，而对于公共基础设施效益的控制研究则很少。合理地进行基础设施投资建设能有效地控制公共基础设施的利用效益。Bianchi[69] 等认为公共基础设施投资长期收益行为和投资组合特点受到历史数据缺少的限制。在此基础上，Bianchi 等通过在 1927 年到 2010 年期间每个月筹划的绩效所受到工业的影响，重新构造美国上市公共基础设施指标收益，结果发现在最近几年的基础设施收益中对尾风险采取保守估计。尾风险相当于在美国持有一个广泛的投资组合股，针对考虑均值 - 方差和均值 - 条件方差的投资者来说，在投资组合中持有公共基础设施的投资组合是有利的。为了合理分配电网投资项目资金，董军 [70] 为了在资金有限的情况下满足电网投资项目资金的需求，在考虑社会经济和安全的影响下，选择了净现值、成本、容载比代表电网投资项目的经济性，建立了电网投资项目的最优投资组合模型，通过遗传算法对该模型进行了求解，为电网公司提供了投资决策支持。

在前人研究的基础上，本章以城市公共基础设施六大系统为评价对象，利用城市公共基础设施综合效益权重，对中国的四大直辖市的城市建设投资公司进行投资组合分析，为国家制定良好的投资计划提供借鉴。

◎ 6.2 模糊环境下模型的建立

6.2.1 三角模糊数的引入

城市公共基础设施投资建设给城市带来生活质量的提高不单单是收入的增加，还包括其他无法衡量的社会满意度水平，这些都无法通过精确的数值进行表述，故引入模糊数进行分析。决策者在进行投资决策时容易受到各种主观因素的影响，三角模糊数能够较好地刻画主观因素的影响，具有位于某一固定数值区间的特性[177]。故此，引入三角模糊数。设三角模糊数为 $A=(a, \alpha, \beta)$，则其隶属度函数如式（6-1）所示，

$$A(x) = \begin{cases} 1 - \dfrac{a-x}{\alpha}, & a-\alpha \le x \le a \\ 1, & x=a \\ 1 - \dfrac{x-a}{\beta}, & a \le x \le a+\beta \\ 0, & \text{其他} \end{cases} \tag{6-1}$$

为了简化隶属度函数，记 A 的 $\gamma-$ 水平截集为 $[A]^\gamma=[\underline{a}(\gamma),\overline{a}(\gamma)]$，其中 $\underline{a}(\gamma),\overline{a}(\gamma)$ 分别为 $\gamma-$ 水平截集与 A 相切的左右两个端点。

根据 Carlsso[150] 以及 Fullèr[151] 提出的方法，在 $\gamma-$ 水平截集 $[A]^\gamma=[\underline{a}(\gamma),\overline{a}(\gamma)]$ 下 A 的可能性均值和可能性方差以及与 $[B]^\gamma=[\underline{b}(\gamma),\overline{b}(\gamma)]$ 的协方差分别定义为

$$E(A) = \int_0^1 (\underline{a}(\gamma)+\overline{a}(\gamma))\gamma d\gamma = a + \frac{\beta-\alpha}{6} \tag{6-2}$$

$$Var(A) = \frac{1}{2}\int_0^1 (\overline{a}(\gamma)-\underline{a}(\gamma))^2 \gamma d\gamma = \frac{(\alpha+\beta)^2}{24} \tag{6-3}$$

$$cov(A,B) = \frac{1}{2}\int_0^1 \gamma (E(A)-\underline{a}(\gamma))(E(B)-\underline{b}(\gamma))d\gamma \\ + \frac{1}{2}\int_0^1 \gamma (E(A)-\overline{a}(\gamma))(E(B)-\overline{b}(\gamma))d\gamma \tag{6-4}$$

6.2.2 问题的描述与符号说明

在投资市场中，一旦交易达成，可能会有交易对象之外的交易成本产生[178]，因此，在本章的研究中考虑了投资造成的交易成本。在有限资金以及计划时间内进行 T 期投资，需确定资金分配方案，将资金合理分配给不同的城投股中，使得由城市建设投资引起的城市公共基础设施综合效益达到最优。

为方便分析，引入如下标记：对于第 t 期 $(t=1, 2, \cdots, T)$：$r'_{i,t}$ 为投资给城投股 $i(i=1, 2, \cdots, n)$ 获得的城投股单位模糊收益率；$r_{i,t}$ 为投资给城投股 i 获得的公共基础设施单位模糊效益率；$x_{i,t}$ 为投资给城投股 i 的比例；$u_{i,t}$、$l_{i,t}$ 分别为 $x_{i,t}$ 的最大值、最小值；x_t 为投资组合，其中 $x_t=(x_{1,t}, x_{2,t}, \cdots, x_{n,t})$；$R_t$ 为投资的模糊效益；σ 为资产组合的投资风险的最大容忍度；$c_{i,t}$ 为市场中投资给城投股 i 的综合效益损失率；R'_t 为扣除交易损失后的模糊净效益；B 为效益的模糊权重向量，$B=(en, ec, so)$，其中 en 表示环境模糊权重、ec 表示经济模糊权重、so 表示社会模糊权重；$z_{i,t}$ 为 0-1 决策变量，当 $z_{i,t}$ 为 1 时，表示对城投股 i 进行投资，若为 0，则表示不对该股进行投资；k_t 为投资的城投股数量。

则第 t 期投资给城投股 i 获得的公共基础设施单位模糊效益率为

$$r_{i,t} = r'_{i,t} \times B \tag{6-5}$$

第 t 期投资 $x_t = (x_{1,t}, x_{2,t}, \cdots, x_{n,t})$ 的模糊效益为

$$R_t = \sum_{i=1}^{n} x_{i,t} r_{i,t} \tag{6-6}$$

对于交易损失函数，本章采用文献[179]的 V 型函数：

$$C_t = \sum_{i=1}^{n} c_{i,t} |x_{i,t} - x_{i,t-1}| \tag{6-7}$$

因此，投资组合的净模糊效益值可以表示为

$$R'_t = R_t - C_t = \sum_{i=1}^{n} x_{i,t} r_{i,t} - \sum_{i=1}^{n} c_{i,t} |x_{i,t} - x_{i,t-1}| \tag{6-8}$$

6.2.3 城市公共基础设施效益权重的确定

拥有较好的城市公共基础设施能够给城市居民带来更好的生活体验，提高城市的就业水平，加强城市与城市之间的交流与合作。城市公共基础设施的利用价值主要体现在社会效益上，主要以定性分析为主。因此，利用文献[180]提出的方法对公共基础设施进行分类评价，以此确定城市公共基础设施经济、社会、环境的效益权重。

根据建设部在 1998 年发布的《城市规划基本术语标准》的分类方式，将基础设施分为六大类，分别为能源供应设施、给排水及污水处理设施、交通运输设施、邮电通信设施、环境保护设施、防灾安全设施。其中，能源供应设施主要包括集中供热、燃气、电网、电源等设施；给排水及污水处理设施主要包括中水、节水、供水、水源、排水等设施（考虑到排水设施对环境产生更大的影响，因此本章将排水设施归为环境保护设施）；交通运输设施主要包括出租车、定线公交、道路、城市轨道交通等设施；邮电通信设施主要包括互联网、电话、邮政等设施；环境保护设施主要包括环境质量、危险废物、工业固废、道路清扫、公厕、粪便处理、垃圾处理、绿化、公园绿地等设施；防灾安全设施主要包括人防和消防设施。

当政府和企业对城市公共基础设施建设进行投资时，会根据它所带来的效益进行判断，带来的效益越大，就越重视对它的投资建设。本章采用公共基础设施的竞争力的大小对其进行评价，如果某公共基础设施系统具有的竞争性和

排他性所需要的成本越大，那么他的投资效益就越大。根据简化试算的角度直接构权，首先将基础设施的竞争性和排他性分为高、中、低三个等级，对其进行判断，然后通过竞争性和排他性的判断结果对六大系统进行评估，确定大类权重；同理，确定小类权重，最后设定最终权重为大类权重和小类权重之积。

考虑公共基础设施的综合效益影响，促进经济增长的基础设施主要体现在给水、能源供应、交通运输、邮电通信这四大类基础设施上，因此将其归为影响经济效益的主要设施；六大基础设施均对增加就业、改良社会文化、提高居民生活质量等社会效益有积极贡献，均为影响社会效益的设施系统；而环境效益主要来源于环境基础设施，因此环境基础设施为影响环境效益的主要设施。根据以上分析，对参考文献[180]中的数据进行整理后，归纳于表6-1中，其中竞争性、排他性、权重、最终权重分别用"C""E""W""LW"表示，最终得到经济、社会、环境的效益权重分别为ec=40%，so=50%，en=10%。

表6-1 城市公共基础设施效益权重

基础设施	单项设施	大类			小类			LW（%）	ec	so	en
		C	E	W（%）	C	E	W（%）				
给水	中水	高	中	16	－	－	－			√	
	节水				－	－	－			√	
	供水				中	高	50	8	√	√	
	水源				高	中	50	8	√	√	
能源供应	集中供热	高	高	24	中	高	20	4.8	√	√	
	燃气				高	高	30	7.2	√	√	
	电网				中	高	20	4.8	√	√	
	电源				高	高	30	7.2	√	√	
交通运输	出租车	高	中	18	高	高	35	6.3	√	√	
	定线公交				高	高	35	6.3	√	√	
	道路				高	低	30	5.4	√	√	

续表 6-1

基础设施	单项设施	大类			小类			LW（%）	ec	so	en
		C	E	W（%）	C	E	W（%）				
邮电通信	互联网				高	高	35	7.7	√	√	
	电话	高	高	22	高	高	35	7.7	√	√	
	邮政				低	高	30	6.6	√	√	
环境	环境质量				－	－	－	－		√	√
	危险废物				－	－	－	－		√	√
	工业固废								√	√	
保护环境	道路清扫				－	－	－	－		√	√
	公厕				－	－	－	－		√	√
	粪便处理	低	低	8	低	低	30	2.4		√	√
	垃圾处理				低	低	30	2.4		√	√
	排水				低	中	40	3.2		√	√
园林	绿化	中	低	12	低	低	40	4.8		√	√
	公园绿地				中	低	60	7.2		√	√
防灾安全	人防	－	－	－	－	－	－	－		√	
	消防				－	－	－	－		√	

注：

a. 数据来源：刘剑锋. 城市基础设施水平综合评价的理论和方法研究 [D]. 北京：清华大学建筑学院，2007.

b. "－"表示不具有该性质；√表示为影响经济、社会、环境效益的主要设施

6.2.4 模型的建立

根据均值 - 方差理论，并利用 Guerra 和 Stefanini[148] 中模糊数的计算法则，得出在投资组合的模糊收益在扣除交易损失后的净效益以及所承担的风险分别为：

$$R_t' = E(R_t) - C_t$$

$$= \sum_{i=1}^{n} x_{i,t} E(r_{i,t}) - \sum_{i=1}^{n} c_{i,t} |x_{i,t} - x_{i,t-1}| \tag{6-9}$$

$$= \sum_{i=1}^{n} x_{i,t} \left[a_{i,t} + \frac{\beta_{i,t} - \alpha_{i,t}}{6} \right] - \sum_{i=1}^{n} c_{i,t} |x_{i,t} - x_{i,t-1}|$$

$$var(R_t) = \sum_{i=1}^{n} x_{i,t}^2 var(r_{i,t}) + 2 \sum_{i=1}^{n} x_{i,t} x_{j,t} \operatorname{cov}(r_{i,t}, r_{j,t})$$

$$= \frac{1}{24} \left[\sum_{i=1}^{n} x_{i,t} (\alpha_{i,t} + \beta_{i,t}) \right]^2 \tag{6-10}$$

假设投资者为在给定投资组合风险最大容忍水平的前提下，追求资产收益最大化的理性投资者，建立了如下模糊投资组合规划模型：

$$\max_{x_t} F(x_t) = \sum_{t=1}^{T} R_t'$$

$$s.t. \sum_{t=1}^{T} \frac{1}{24} \left(\sum_{i=1}^{n} x_{i,t} (\alpha_{i,t} + \beta_{i,t}) \right)^2 \leq \sigma$$

$$\sum_{i=1}^{n} x_{i,t} = 1, \quad (t = 1, 2, ..., T)$$

$$\sum_{i=1}^{n} z_{i,t} = k_t, (t = 1, 2, ..., T) \tag{6-11}$$

$$l_{i,t} z_{i,t} \leq x_{i,t} \leq u_{i,t} z_{i,t}, (i = 1, 2, ..., n; t = 1, 2, ..., T)$$

$$z_{i,t} \in \{0, 1\}. \quad (i = 1, 2, ..., n; t = 1, 2, ..., T)$$

◎ 6.3 模型的求解

在早期的投资组合优化问题中，由于缺乏有效的计算方法，通常建立在严格的假设之上，偏离实际情况。随着智能优化算法的出现和发展，已被广泛用于求解大维数、多模态等复杂的实际问题，包括模糊投资组合优化问题。在这一节中，将提出粒子群优化算法来进行求解。

Kennedy 和 Eberhart 通过研究鸟群和鱼群的捕食行为，于 1995 年最先提出了粒子群算法（Particle Swarm Optimization, PSO），粒子群算法的收敛速度比传统的遗传算法更快，而且涉及的参数远远低于其他算法，整个算法的运行思路也很简单。

在PSO算法中，我们在问题的可行域中初始化粒子，粒子所在的位置代表了需要解决问题的局部最优解，在粒子不断地进行自我的提升以及多个粒子之间"互帮互助"以找到最优解。在PSO算法中，粒子的速度代表粒子自身的特点，适应度值可以通过适应度函数的计算来获得，适应度值的大小表示为粒子的优劣程度。每个粒子能够通过一定的规则估计自身位置的适应度值，他们各自都存在一个最优的位置，称为"局部最优P_i"；同时，整个粒子群也会有一个最优的位置，称为"全局最优P_g"。这两个最优变量使得粒子在某种程度上朝这些方向靠近。

设$z_i = (z_{i1}, z_{i2}, \cdots, z_{iD})$为第$i$个粒子（$i=1, 2, \cdots, m$）的$D$维位置矢量，根据事先设定的适应值（根据求解的问题来决定）计算z_i当前的适应值，用于判断粒子是否处于最好的位置；$v_i = (v_{i1}, v_{i2}, \cdots, v_{id}, \cdots, v_{iD})$为粒子$i$的移动的速度，$p_i = (p_{i1}, p_{i2}, \cdots, p_{id}, \cdots, p_{iD})$为粒子$i$到目前为止所搜索到的局部最优位置；$p_g = (p_{g1}, p_{g2}, \cdots, p_{gd}, \cdots, p_{gD})$为整个粒子群到目前为止搜索到的全局最优位置。

针对每一次迭代，每个粒子更新当前速度和位置方程为：

$$v_{id}^{k+1} = wv_{id}^k + c_1 r_1 (p_{id} - z_{id}^k) + c_2 r_2 (p_{gd} - z_{id}^k) \tag{6-12}$$

$$z_{id}^{k+1} = z_{id}^k + v_{id}^{k+1} \tag{6-13}$$

其中$i=1, 2, \cdots, m$；$d=1, 2, \cdots, D$；k为当前迭代数；r_1和r_2是介于[0, 1]的随机数，用来保持群体的多样性。w为粒子速度更新的惯性系数；c_1和c_2为学习因子，代表粒子的学习能力，c_1表示的自我学习的能力，c_2表示的是群体粒子的整体学习能力。

算法基本流程：

步骤1 初始化参数。随机生成m个粒子的初始种群，初始化粒子的速度和位置，最大迭代次数；给定惯性权重w、学习因子c_1和c_2；测量每个粒子的适应值。

步骤2 根据初始化值计算粒子的全局最优值和个体最优值；

步骤3 根据粒子算法的更新公式（6-12）、（6-13）更新粒子的速度和位置；

步骤4 判断x_i^*是否为当前最优粒子，若为当前最优粒子则进行替换；否则，保留原粒子；

步骤5 满足最优条件或者达到最大迭代次数时,停止迭代;否则,返回步骤4。

◎ **6.4 应用实例**

北京、天津、上海、重庆作为中国的四大直辖市,在2016年的GDP均达到了8000亿以上,拥有完备的城市公共基础设施系统,具有一定的代表性。本章在分析城市的公共基础设施建设水平的基础上,确定北京、天津、上海、重庆的公共基础设施数量权重。

选取位于全国前十的城投公司的数据作为研究对象,分别为:北京市基础设施投资有限公司、天津城市基础设施建设投资集团有限公司、上海市城市建设投资开发总公司、重庆市城市建设投资(集团)有限公司。为了获取数据,选取了城投公司的上市子公司进行分析,分别为京投银泰股份有限公司(代码:600683)、天津创业环保集团股份有限公司(代码:600874)、上海市城投控股股份有限公司(代码:600649)、重庆市渝开发股份有限公司(代码:000514)。由于选择的这四个城投公司投资建设面广,不仅在当地进行投资建设,同时也会在其他城市投资建设。因此,本章选取具有代表性的公用设施分析了北京、天津、上海、重庆在2000年到2013年的年平均城市公用设施水平对城投公司的影响。

表6-2 四大直辖市城市市政公用设施水平

公用设施	北京	天津	上海	重庆
邮政局(个)	800	871	624	1896
移动电话用户数(10,000 户)	1823.479	853.813	2158.409	1339.016
供水总量(10,000 吨)	147869.429	883761	319374.143	72759.143
供电总量(10,000 度)	6618333.857	5195235.286	11759677.286	3848852.143
燃料总量(10,000 立方米)	556938.286	130666.286	513201.286	203350
实有道路面积(10,000 平方米)	10071.143	8511.571	12640.714	8011.714
公共营运汽电车(辆)	21023	7470	17015	7589
污水处理率(%)	77.067	77.267	78.701	62.76
绿化覆盖率(%)	44.461	24.763	40.397	38.509

数据来源:笔者根据《中国城市统计年鉴》整理得出

　　根据表6-2的数据，分别计算各个公用设施在四个直辖市的权重比，对权重进行求和后得到四个直辖市的权重和，最后计算得到北京、天津、上海、重庆的公共基础设施数量权重分别为（0.275，0.217，0.304，0.204）。同时，本章选取了从2000年1月到2013年12月的历史城投股数据，并整理后进行了分析。考虑到城投股和投资效益受多重因素的影响，引入三角模糊数。首先利用频数法计算得到三角模糊数 $r_{i,t}'$（$i=1,\cdots,4$；$t=1,\cdots,7$）。然后根据式（6-5）得出4个城市的公共基础设施综合效益的三角模糊数，最后在考虑每个城市公共基础设施数量权重的影响下，得到综合三角模糊数，如表6-3所示。

表6-3　综合三角模糊数

	600683	600874	600649	000514
t=1	(0.0048, 0.0021, 0.0143)	(0.0038, 0.0002, 0.0166)	(0.0038, 0.0037, 0.0278)	(0.0030, 0.0013, 0.0152)
t=2	(0.0027, 0.0022, 0.0067)	(0.0027, 0.0018, 0.0109)	(0.0058, 0.0016, 0.0033)	(0.0047, 0.0014, 0.0197)
t=3	(0.0028, 0.0023, 0.0081)	(0.0053, 0.0015, 0.0025)	(0.0049, 0.0027, 0.0154)	(0.0041, 0.0025, 0.0188)
t=4	(0.0065, 0.0032, 0.0357)	(0.0072, 0.0071, 0.0107)	(0.0091, 0.0040, 0.0282)	(0.0048, 0.0037, 0.0285)
t=5	(0.0062, 0.0043, 0.0260)	(0.0063, 0.0035, 0.0170)	(0.0088, 0.0060, 0.0281)	(0.0084, 0.0026, 0.0338)
t=6	(0.0039, 0.0023, 0.0120)	(0.0030, 0.0016, 0.0229)	(0.0062, 0.0033, 0.0274)	(0.0041, 0.0024, 0.0107)
t=7	(0.0047, 0.0032, 0.0156)	(0.0028, 0.0017, 0.0379)	(0.0042, 0.0038, 0.0361)	(0.0041, 0.0023, 0.0253)

　　设投资由市场条件的变化带来的综合效益损失率为0.4‰。针对表6-2给出的数据，根据粒子群算法构建了模拟仿真程序，并在Matlab7.0平台上进行模拟仿真，各个参数的设置情况如下：粒子群规模为1000，最大迭代次数为300次，学习因子均为1.4964，粒子速度的取值范围为[0，0.5]，惯性权重的取值范围为（0.8,1.2），运算结果如表6-4所示。

表 6-4　投资组合方案

	600683	600874	600649	000514
t=1	0.2888	0.2433	0.2491	0.2188
t=2	0.2965	0.2484	0.2363	0.2188
t=3	0.3178	0.2265	0.2364	0.2193
t=4	0.3317	0.1859	0.2856	0.1967
t=5	0.3530	0.1680	0.2858	0.1932
t=6	0.3789	0.1514	0.2857	0.1840
t=7	0.6441	0.0522	0.1325	0.1712

分析结果表明，为了使得综合效益最大，在 2000 年到 2013 年间，投资者主要集中于对北京地区的投资，其次分别是上海、重庆、天津。从表 6-4 中可以看出，在第三期时（也就是在 2003 年 –2005 年期间），北京的城市建设比例达到了 30% 以上，这主要是为了迎接在 2008 年举办的北京奥运会，北京开始加大城市公共基础设施投资力度。作为政治、经济、文化中心的北京在城市公共基础设施建设上面的投资是逐年增加的。甚至可以看到在 2013 年（第七期）北京城市公共基础设施建设超过了一半以上，与亚洲基础设施投资银行的建立有较大关系。为了响应国家的号召，在 2005 年国家将天津滨海新区纳入了国家的重点发展战略以及"十一五"规划中，使得在天津的投资达到了 22.65%。但是，受到北京奥运会的影响，天津的城市建设投资比例逐年下降，甚至在第七期的投资中，比例为四个城市中的最低，仅为北京投资的十二分之一。从表 6-2 中就可以看到，上海的年平均公用设施水平最高。在四大直辖市中，上海的公共基础设施数量权重达到了 30.4%，它的移动电话用户数、供电总量、实有道路面积、公共营运汽电车都占有相对较大的优势。在表 6-4 中也可以看到上海的公共基础设施建设投资比例一直在较高水平，并且处于逐年上升的趋势。特别是 2010 年世博会的举行，使得上海在 2008 年到 2009 年期间的城投比率达到了 28.58%。重庆位于中国的西南部，地势条件没有其他三个城市好，并且经济发展水平也相对落后，因此，它的公共基础设施投资比例和其他三个城市相比，总体较低。但是，可以看到在后面四期的投资比例要高于天津，可见国家在将来的发展中将逐渐加大对中国西南、西北等地区的城市公共基础设施投资建设。

◎ 6.5 本章小结

本章利用三角模糊数研究了模糊情况下的城市公共基础设施投资效益评价问题。将公共基础设施投资组合模型运用到北京、天津、上海、重庆四大直辖市的城市建设投资公司中，在考虑公共基础设施投资数量因素的影响下得到了2000—2013 年的最优投资比例。研究结果显示：国家一直将北京作为重点投资城市，在 2008 年北京奥运会的影响下，其他三市的投资比例逐渐减少，并在2012—2013 年期间北京的投资比率达到了 64.41%,这对天津和重庆的影响最大，特别是在 2012—2013 年期间天津的投资比率降到了 5.22%。在四大直辖市中，上海的公共基础设施数量一直占有相当的优势，加上世博会的影响，上海的投资比例在 2000—2011 年期间一直保持稳定上升的投资比例。综上可见，北京和上海仍然是国家重点建设城市，为了全面发展城市建设，应该在抓住重点城市发展的同时加大对偏远地区的新型城镇化的投资建设支持，发挥好政府投资的带动作用。

第7章　基于 DEA 博弈的城市公共基础设施投资效益评价研究

◎ 7.1 引　言

在本书的第五章和第六章中，主要研究了主观评价方法的城市公共基础设施投资评价问题，着重探讨了在模糊环境下的专家评价对城市公共基础设施投资决策的影响。在实际的投资评价过程中，如何进行客观的评价也是决策者十分关注的问题。传统的数据包络分析（DEA）模型虽然能够客观的评价城市的公共基础设施投资效益。然而，它是一个自我评价模型，并没有考虑来自其他决策单元的影响；即使利用 DEA 交叉效率模型能解决这一问题，但其解并非唯一解，同样存在缺点。事实上，在有限资金的情况下，为了获得最大的资金分配额，城市之间存在着竞争关系。因此，为了解决 DEA 交叉效率模型解的不唯一问题以及资金分配问题，我们在这一章中将博弈理论引入 DEA 交叉效率模型以评估中国 30 个省会城市公共基础设施投资效益。

◎ 7.2 模型的建立

7.2.1 指标选择

本部分指的城市公共基础设施是城市生产和生活提供设施和设备的工程建筑。涉及能源供应设施、给排水及污水处理设施、交通运输设施、邮电通信设施、环境保护设施、防灾安全设施。城市公共基础设施能够为城市带来非常重要的作用，城市的经济发展、社会效益的提高以及环境的改善均离不开城市公共基础设施[111]，与城市有着共同进退的关系。同时，公共基础设施对城市就业情况的改善、城市生产率的提高起到了一定的推动作用[181、182]。另外，加强城市基础设施建设还能提高城市居民的幸福指数、文化水平[163]、降低城市环境污染的严重程度以及由二氧化碳等导致的城市热岛效应[183]等。

一般地，城市公共基础设施投资的综合效益可以分为经济效益、社会效益和环境效益，他们相互作用并且相互依赖。为了提高基础设施的综合效益，这三大效益应该相互协调与合作。城市公共基础设施投资的提高将有益于城市经济的发展。同时，也为城市社会和环境的完善提供各种渠道，对于城市社会和城市环境的形成和发展提供了相应的物质支持。社会效益的提高也为经济的发展和环境的改善提供了大量的人力资源，技术和政策支持。同样的，一个好的城市居住环境能够加速经济的发展，改善城市居民的生活情况。城市公共基础设施的协同作用如图7-1所示。

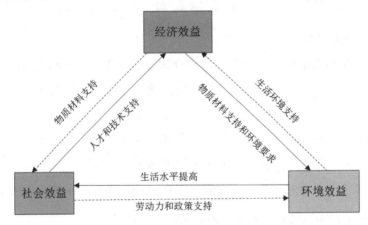

图 7-1 公共基础设施投资效益协同作用

城市公共基础设施的指标既相互联系又相互独立，考虑到在综合评估中既包括正向（偏好越大越好）评估，又包括负向（偏好越小越好）评估[184]，同时为了简化计算，本章选择了正向指标来评估综合效益。考虑到投资目的的重要性以及数据的可获得性，使用了表7-1中所示的指标系统来评价城市公共基础设施投资系统。

表7-1 城市公共基础设施投资综合效益的指标体系

宏观	输入指标	输出指标
经济	城市市政公用设施建设固定资产完成投资（万元）	城市维护建设资金中收入（万元）
社会	水务基础设施系统投资额（万元）	供水总量（万吨）
	能源基础设施系统投资额（万元）	供气总量（万立方米）
	交通基础设施系统投资额（万元）	道路面积（万平方米）
		就业人数（万人）
		每百人图书馆藏书（册）
环境	环境基础设施系统投资额（万元）	建成区绿化覆盖面积（公顷）

7.2.2 DEA 博弈交叉效率模型

为了科学合理的分配城市公共基础设施投资资金，本章利用 DEA 博弈交叉效率模型来评估城市公共基础设施投资的综合效率问题。设有 n 个城市，每个城市有 m 个输入指标和 s 个输出指标。对于城市 j，$x_{ij}(i=1,2,\cdots,m)$ 表示第 i 个输入数据，$y_{rj}(r=1,2,\cdots,s)$ 表示第 r 个输出数据。设总资产为 C，将其分配给 n 个城市。$c_j(j=1,2,\cdots,n)$ 表示分配给城市 j 的资金额，并使得 $\sum_{j=1}^{n} c_j = C$。在 DEA 博弈交叉效率模型中，c_j 作为一个新的输入变量。在整个系统中，城市 d 的效益值可以通过修正的 CCR 模型表示：

$$\max \frac{\sum_{r=1}^{s} u_r^d y_{rd}}{\sum_{i=1}^{m} v_i^d x_{id} + v_{m+1}^d c_d^d} = \theta_d$$

$$s.t. \frac{\sum_{r=1}^{s} u_r^d y_{rj}}{\sum_{i=1}^{m} v_i^d x_{ij} + v_{m+1}^d c_j^d} \leq 1, j=1,2,\cdots,n$$

$$\sum_{j=1}^{n} c_j^d = C$$

$$c_j^d \geq 0, j=1,2,\cdots,n$$

$$v_i^d \geq 0, i=1,2,\cdots,m$$

$$u_r^d \geq 0, r=1, 2, \cdots, s \qquad\qquad (7\text{-}1)$$

为了简化计算，我们采用了 Charnes-Cooper 的方法，在此基础上，引入了一个新的变量 $\hat{c}_j^d$，其中 $\hat{c}_j^d$ 等价于 $\omega_{m+1}^d c_j^d$，将模型（7-1）转化为线性规划模型：

$$\max \sum_{r=1}^{s} \mu_r^d y_{rd} = \theta_d$$

$$s.t. \sum_{i=1}^{m} \omega_i^d x_{ij} + \hat{c}_j^d - \sum_{r=1}^{s} \mu_r^d y_{ij} \geq 0, j=1, 2, \cdots, n$$

$$\sum_{i=1}^{m} \omega_i^d x_{id} + \hat{c}_d^d = 1$$

$$\sum_{j=1}^{n} \hat{c}_j^d = \omega_{m+1}^d C$$

$$\hat{c}_j^d \geq 0, j=1, 2, \cdots, n$$

$$\omega_i^d \geq 0, i=1, 2, \cdots, m+1$$

$$\mu_r^d \geq 0, r=1, 2, \cdots, s \qquad\qquad (7\text{-}2)$$

对于每一个被评估的城市 d，能够得到一组权重 $\hat{c}_j^{d*}$（$j=1, 2, \cdots, n$），ω_i^{d*}（$i=1, 2, \cdots, m+1$），μ_r^{d*}（$r=1, 2, \cdots, s$）。通过这一组权重，可以得到城市 j 的 d-交叉效率值，如公式（7-3）所示：

$$E_{dj} = \frac{\sum_{r=1}^{s} \mu_r^{d*} y_{rj}}{\sum_{i=1}^{m} \omega_i^{d*} x_{ij} + \hat{c}_j^{d*}}, d, j=1, 2, \cdots, n \qquad\qquad (7\text{-}3)$$

对于每一个城市 j，d- 交叉效率均值可以如公式（7-4）所示。

$$\bar{E}_j = \frac{1}{n} \sum_{d=1}^{n} E_{dj} \qquad\qquad (7\text{-}4)$$

然而，所得到的交叉效率值不是唯一的，因此我们得到的是非唯一的分配计划。根据 Liang 等[89] 以及 Cheng 等[185] 文中提到的思想，将城市作为决策单元，并假设这些城市均为非合作博弈的博弈者。城市之间存在相互竞争的关系，假设在非合作博弈中，博弈者 DMU_d 的效益值为 α_d，则博弈者 DMU_j 在最大化自身的效益时需要保证 α_d 的值不变。因此，我们定义相对于城市 DMU_d 来说，城市 DMU_j 的博弈 $d-$ 交叉效率值：

$$\alpha_{dj} = \frac{\sum_{r=1}^{s} \mu_r^d y_{rj}}{\sum_{i=1}^{m} \omega_i^d x_{ij} + \hat{c}_j^d}, \, d, j=1, 2, \cdots, n \tag{7-5}$$

其中，μ_r^d $(r=1, 2, \cdots, s)$，ω_i^d $(i=1, 2, \cdots, m+1)$ 和 $\hat{c}_j^d$ $(j=1, 2, \cdots, n)$ 是博弈 $d-$ 交叉效率模型（7-6）的最优解。因此，我们得到了城市 DMU_j 的博弈 $d-$ 交叉效率模型：

$$\max \sum_{r=1}^{s} \mu_r^d y_{rd} = \theta_d$$

$$s.t. \sum_{i=1}^{m} \omega_i^d x_{ij} + \hat{c}_j^d - \sum_{r=1}^{s} \mu_r^d y_{ij} \geq 0, j=1, 2, \cdots, n$$

$$\alpha_d \times (\sum_{i=1}^{m} \omega_i^d x_{id} + \hat{c}_d^d) - \sum_{r=1}^{s} \mu_r^d y_{id} \leq 0$$

$$\sum_{i=1}^{m} \omega_{id} x_{id} + \hat{c}_d^d = 1$$

$$\sum_{j=1}^{n} \hat{c}_j^d = \omega_{m+1}^d C$$

$$\hat{c}_j^d \geq 0, j=1, 2, \cdots, n$$

$$\omega_i^d \geq 0, i=1, 2, \cdots, m+1$$

$$\mu_r^d \geq 0, r=1, 2, \cdots, s \tag{7-6}$$

其中，$\alpha_d \leq 1$。

根据以上分析，本章提出了相应的迭代算法。通过求解模型（7-2）获得了交叉效率值的初始值 [见公式（7-4）]。对于模型（7-6）一共要计算 n 次，并将模型（7-6）获得的最优值作为修订的 α_d。设 $\mu_r^{d*}(\alpha_d)$ 是模型（7-6）的最优解，

对于每一个 DMU_j，设 $\alpha_j = \frac{1}{n} \sum_{d=1}^{n} \sum_{r=1}^{s} \mu_r^{d*}(\alpha_d) y_{rj}$ 为均值博弈交叉效率，进行循环迭代，当 α_j 收敛时停止迭代。

算法基本流程：

步骤 1 求解模型（7-2），获得初始交叉效率均值，令 $t=1$，且 $\alpha_d = \alpha_d^1 = \overline{E}_d$。

步骤 2 求解模型（7-6），$\alpha_d = \alpha_d^1$，令 $\alpha_j^2 = \frac{1}{n} \sum_{d=1}^{n} \sum_{r=1}^{s} \mu_r^{d*}(\alpha_d^1) y_{rj}$ $(j=1, 2, \cdots, n)$。

计算的一般迭代方程为：$\alpha_j^{t+1} = \frac{1}{n} \sum_{d=1}^{n} \sum_{r=1}^{s} \mu_r^{d*}(\alpha_d^t) y_{rj}$ $(j=1, 2, \cdots, n)$。

步骤 3 如果存在任一决策单元 j，使得 $\left|\alpha_j^{t+1} - \alpha_j^t\right| \geq \varepsilon$（其中 ε 为给定的最小正值），则令 $\alpha_d = \alpha_d^{t+1}$ 且返回步骤2。否则，停止迭代，并将 α_j^{t+1} 作为系统的最优解。

◎ 7.3 模型的分析及验证

7.3.1 数据来源

在本章中，我们选择了中国的 30 个城市对其进行了评估和排序，这 30 个城市分别包括首都（北京），三个直辖市（天津、上海和重庆）以及 26 个省会城市。为不失一般性，拉萨、香港、澳门和台湾由于数据的缺失暂不考虑。本章的数据来源于 2013 年中国城市统计年鉴（涵盖了 2012 年主要的社会经济统计数据）以及 2012 年的中国城市建设统计年鉴（涵盖了 2012 年的城市建设统计数据）。

表 7-2　2012 年城市公共基础设施输入指标数据

单位：万元

决策单元（DMU）	固定资产完成投资额	水务系统投资额	能源系统投资额	交通系统投资额	环境系统投资额
北京	12162405	600802	944859	7208204	1783322
天津	6540958	136451	218055	3965879	667863
石家庄	1030696	115700	86600	655508	743435
太原	1209732	17600	766330	239136	111656
呼和浩特	923993	83653	77033	536149	227158

续表 7-2

单位：万元

决策单元（DMU）	固定资产完成投资额	水务系统投资额	能源系统投资额	交通系统投资额	环境系统投资额
沈阳	4966546	493390	286049	3273487	820659
长春	1917746	75284	89164	1537984	57744
哈尔滨	2058076	1160	108703	1226271	159573
上海	3393269	425108	138720	2375115	342831
南京	3999657	375792	60437	3270255	270516
杭州	1440705	41717	45569	1278534	65404
合肥	810014	43640	25542	591975	127896
福州	1070667	56826	7083	847390	134051
南昌	2761493	57901	121947	1933313	364760
济南	1003467	130111	148154	558054	45901
郑州	1079420	51766	51359	865713	110582
武汉	6645218	786184	–	5140003	524932
长沙	1679690	58059	9200	935186	232585
广州	2022147	124400	29378	1552371	75824
南宁	757615	28779	8305	646653	73860
海口	474786	111782	–	288898	74106
重庆	4607586	273448	26200	3565109	680812
成都	3934694	66407	5189	3761150	17896
贵阳	789180	20595	12091	755616	878
昆明	538755	71982	–	419849	45291
西安	2477694	44173	33591	1391493	172742
兰州	1472719	35963	11093	1208824	198611
西宁	388893	13800	19116	280303	–
银川	127955	3901	28266	66723	–
乌鲁木齐	2269254	41600	614472	479445	–

注："–"表示缺省值。

表 7-3　2012 年城市公共基础设施输出指标数据

决策单元（DMU）	城市维护建设资金中收入（万元）	供水总量（万吨）	供气总量（万立方米）	道路面积（万平方米）	就业人数（万人）	每百人图书馆藏书（册）	建成区绿化覆盖面积（公顷）
北京	18436572	159646	924763	13509	118.89	445.5	68204
天津	1687948	77218	256241	11611	53.23	176.27	25191
石家庄	623340	33531	24613	4285	19.49	180.46	8868
太原	766172	31107	106822	2904	33.19	171.61	12112
呼和浩特	218142	13718	42050	1949	7.29	174.66	7798
沈阳	1666059	56641	43332	6647	25.34	242.05	19210
长春	761351	34951	44615	6457	17.84	244.23	15220
哈尔滨	583346	38653	33323	4624	34.45	162.25	14181
上海	2372764	309704	721564	9717	98.82	525.75	38242
南京	2081571	121401	82413	11424	27.93	274.37	28756
杭州	1427371	58182	55623	5284	96.24	351.53	18135
合肥	830742	34573	32924	4854	42.96	288.47	15088
福州	978086	30166	13608	2563	50.55	76.17	9750
南昌	318475	39397	20213	2391	34.7	230.55	9245
济南	996423	33250	39300	7251	43.99	296.96	13803
郑州	1189035	35824	75742	3564	35.75	82.56	13456
武汉	475834	121552	125131	9027	64.9	2187.39	19870
长沙	617456	41997	64298	3958	26.55	319.23	10729
广州	2191312	191432	–	10140	57.89	39.97	40895
南宁	1524615	40215	6554	3334	19.39	168.46	10165
海口	104762	19066	12143	2439	8.6	42.94	5191
重庆	3623844	95903	324965	11936	206.39	7.34	45157
成都	1632416	76021	210902	7441	64.47	165.05	20301
贵阳	133750	32855	26909	1348	29.05	98.82	22766
昆明	2091018	21984	30866	4056	39.63	35.47	16884

续表 7-3

决策单元（DMU）	城市维护建设资金中收入（万元）	供水总量（万吨）	供气总量（万立方米）	道路面积（万平方米）	就业人数（万人）	每百人图书馆藏书（册）	建成区绿化覆盖面积（公顷）
西安	2170117	43848	138050	6333	38.72	71.62	15750
兰州	369607	25035	88493	2219	14.88	288.95	5963
西宁	215088	14633	102749	823	10.33	208.84	2812
银川	146256	11468	147354	1809	7.96	45.6	5632
乌鲁木齐	707983	30363	146244	2225	11.8	123.55	13630

注："-"表示缺省值。

根据表 7-1 中的统计年鉴的输入指标，表 7-2 表示与其相对应的数据。在表 7-2 中，水务系统投资主要为给水排水的投资；能源系统的投资主要包括天然气供气投资和中央供暖投资；交通系统投资主要为城市轨道交通系统投资和道路和桥梁投资；环境系统投资包括绿化投资和环境卫生的投资。同样的，根据表 7-1 的统计年鉴的输出指标，表 7-3 表示其相对应的数据。

因此，利用 DEA 博弈交叉效率模型分析城市公共基础设施投资的绩效，并科学合理地分配投资资金。本章利用 MATLAB7.0 计算 30 个城市的公共基础设施投资的综合效益。根据本章的算法，利用传统的 DEA 交叉效率模型得到的效率值作为初始值 α_d^l，并设 $\varepsilon=0.0001$。考虑到交叉效率的解不是唯一的，选取了二级目标，针对二级目标有三种可选择的方法。第一种为进取型策略：将最大化当前决策单元的交叉效率值作为初始目标，同时将最小化其他决策单元的交叉效率值作为第二个目标[83]；第二种方法为仁慈型策略：指在将最大化当前决策单元的交叉效率值作为初始目标，同时也将最大化其他决策单元的交叉效率值作为第二个目标[84]；第三种方法为武断型策略：第二个目标没有要求。考虑到不管采用何种策略，DEA 博弈交叉效率值将收敛[91]，本章采用进取型策略作为初始值，得到的关于 DEA 博弈交叉效率值如表 7-4 所示。

表 7-4　2012 年城市资金分配比例及博弈交叉效率值

城市	分配比例	排序	博弈交叉效率值	排序
北京	0.0794	2	0.9990	23
天津	0.0393	8	0.9990	22
石家庄	0.0141	22	0.9991	21
太原	0.0243	17	0.9989	24
呼和浩特	0.0047	30	0.9985	26
沈阳	0.0118	24	0.9964	30
长春	0.0135	23	0.9995	19
哈尔滨	0.0273	14	0.9997	17
上海	0.0760	4	0.9997	12
南京	0.0180	20	0.9995	20
杭州	0.0761	3	0.9999	5
合肥	0.0343	11	0.9999	4
福州	0.0388	9	0.9998	10
南昌	0.0250	16	0.9974	28
济南	0.0345	10	0.9997	14
郑州	0.0273	15	0.9997	13
武汉	0.0422	7	0.9985	27
长沙	0.0207	19	0.9998	8
广州	0.0467	6	0.9999	3
南宁	0.0144	21	0.9997	15
海口	0.0059	29	0.9989	25
重庆	0.1594	1	0.9998	9
成都	0.0488	5	0.9999	6
贵阳	0.0231	18	0.9998	7
昆明	0.0295	13	0.9997	16

续表 7-4

城市	分配比例	排序	博弈交叉效率值	排序
西安	0.0320	12	0.9999	2
兰州	0.0110	25	0.9996	18
西宁	0.0081	26	0.9997	11
银川	0.0069	28	0.9999	1
乌鲁木齐	0.0071	27	0.9964	29

7.3.2 模型的验证

通过求解 DEA 博弈交叉效率模型，可以看到博弈交叉效率值与城市公共基础设施的输入和输出指标有关。为了测试结果的可信性，我们需要建立模型求解结果和指标之间的关系。考虑到情况的复杂性，本章采用了多元线性回归模型来验证模型的有效性，该模型将博弈交叉效率值作为因变量，将城市公共基础设施的输入指标和输出指标作为自变量。多元线性回归方程为：

$$y = \beta_0 + \beta_1 x_1 + \cdots + \beta_{12} x_{12} + \varepsilon \tag{7-7}$$

其中 y 为公共基础设施投资的博弈交叉效率值，为表 7-4 中的第 5 列所示。$x_i (i=1, 2, \cdots, 5)$ 为城市公共基础设施的输入指标，$x_i (i=6, 7, \cdots, 12)$ 为城市公共基础设施的输出指标。

表 7-5　多元线性回归方程

模型	R	R²	调整 R²	标准误差
1	.909[a]	.826	.704	.00052

表 7-6　多元线性回归方差分析表

模型		平方和	自由度	均方差	F 值	Sig
1	回归平方和	.000	12	.000	6.741	.000[a]
	残差平方和	.000	17	.000		
	总平方和	.000	29			

a. 预测变量：（常量），x12，x6，x7，x11，x3，x5，x9，x4，x2，x8，x10，x1

b. 因变量：y

通过 SPSS 求解该多元线性回归方程，测试结果如表 7-5，表 7-6 所示。可以看到结果具有较高的一致性。其中，R 值达到了 0.909，R^2 达到了 0.826，调整 R^2 达到了 0.704。除此之外，方差分析表中显示了 P 值为 0.000，也就是说，DEA 博弈交叉效率模型通过了显著性检验。因此，结果显示 DEA 博弈交叉效率模型在评估城市公共基础设施投资上是有效的。

◎ 7.4 结果讨论

在这一小节中，我们利用 DEA 博弈交叉效率模型对城市公共基础设施投资分配权重和效率值的结果进行分析。博弈交叉效率值和城市的排名分别由表 7-4 中的第 4 列，第 5 列表示。可以看出，博弈交叉效率值位于全国前 10 的城市主要是西部地区的城市。然而，分配权重位于全国前十的主要是东部地区的城市。分析其原因，主要由于东部地区的城市属于经济发达的地区，需要高水平的城市公共基础设施。然而，由于东部地区的城市具有较高的人口密度以及严重的环境污染问题，这将对同时改善经济效益、社会效益、环境效益带来较大的困难。在这种情况下，一个可能的选择就是通过加大资金投入来改善他们的综合效益。通过和东部地区的城市比较，西部地区的城市人口密度低，对城市公共基础设施的要求相对较低，较少的城市公共基础设施投资就能够保证较高的综合效益。因此，虽然西部地区的投资比例相对较低，但是输入输出的总效率值比东部地区要高。

从表 7-4 中的第 4、5 列可以看出，银川的公共基础设施的博弈交叉效率值比其他 29 个城市的公共基础设施的博弈交叉效率值要高。但是，我们应该注意到银川是较不发达的西部地区城市。尽管银川的输入指标值相对较低，但是输出指标值相对较高，因此它的博弈交叉效率值比其他城市更好。根据表 7-4 中的第 2、3 列，我们可以看到重庆的分配权重占了很大一部分，其次才是北京、杭州和上海。

将中国的城市分为四个部分进行分析讨论。第一个部分是东部地区，包括北京、天津、石家庄、上海、南京、杭州、福州、济南、广州和海口。第二个部分是中部地区，包括太原、合肥、南昌、郑州、武汉和长沙。第三部分是西部地区，包括呼和浩特、南宁、重庆、成都、贵阳、昆明、西安、兰州、银川、西宁和乌鲁木齐。第四部分是东北地区，即中国的东北三省：沈阳、长春和哈尔滨。

本章同时也分析了博弈交叉效率值的收敛过程。为了更加清晰的进行对比，我们将东部地区和西部地区的城市分为两个部分作图。分别做出了 30 个城市的迭代图（见图 7-2 至图 7-7）。

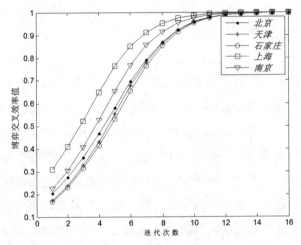

图 7-2 东部地区城市的博弈交叉效率迭代值 (a)

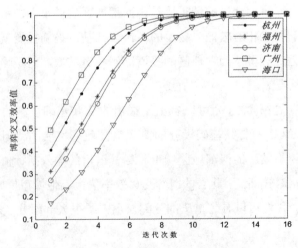

图 7-3 东部地区城市的博弈交叉效率迭代值 (b)

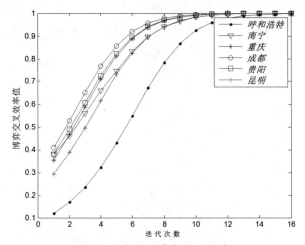

图 7-4　西部地区城市的博弈交叉效率迭代值 (a)

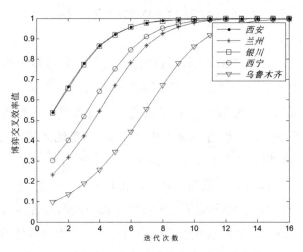

图 7-5　西部地区城市的博弈交叉效率迭代值 (b)

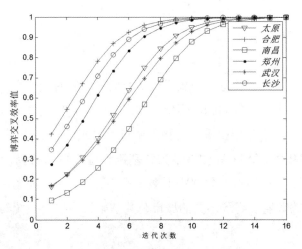

图 7-6　中部地区城市的博弈交叉效率迭代值

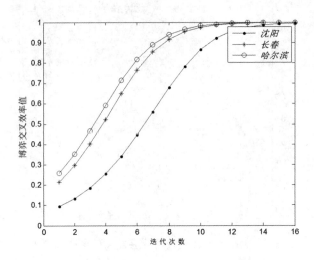

图 7-7　东北三省省会城市的博弈交叉效率迭代值

进一步比较，可以看出西部地区的博弈交叉效率比其他城市的博弈交叉效率值要好。然而，西部地区城市之间的差异相对较明显。图 7-4 和图 7-5 显示乌鲁木齐和呼和浩特的综合效率值要差于西部地区的其他城市；西安和银川的综合效率值要优于西部地区的其他城市。东部地区城市的迭代过程（见图 7-2 和图 7-3）相对较集中。图 7-6 和图 7-7 分别为中部地区城市和东北三省的迭代图。可以看到，虽然城市之间的区别不大，但是他们的均值迭代过程相对较差。迭代图表明了中国城市公共基础设施的投资环境是不平衡的。为了更好地建设城市，政府应该根据城市的复杂性合理地投资城市的公共基础设施建设。

◎ 7.5 本章小结

本章研究了城市公共基础设施投资效益问题，针对 DEA 交叉效率模型可能会导致其效率值不唯一的问题，假定城市间具有非合作竞争关系，利用博弈理论，同时增加了资金分配权重作为输入变量，引入了 Liang 等[89] 提出的 DEA 博弈交叉效率模型，用于评估城市公共基础设施投资效益以及科学的分配了资金，得到了纳什均衡点，并解决了交叉效率值不唯一的问题。最终所得到的 DEA 博弈交叉效率值表明了不同的城市公共基础设施投资系统与城市的经济、社会、环境发展的各个因素是相关的。实证研究表明，为了解决东部地区人口密度大，环境污染严重的问题，政府对于城市公共基础设施投资的重点仍然需放在东部发达地区。由此可见，在城市公共基础设施投资建设的过程中，社会、环境对投资决策的影响不容忽视。

第8章 考虑损失厌恶的公共基础设施
承包商评价与选择

　　城市交通运输基础设施是促进城市经济发展的重要公共基础设施，城市间的交通运输网络犹如城市的血液，促进城市间人和物的流动，同时能带动周边城市经济的发展，因此城市交通运输基础设施的建设就显得尤为重要。近年来，随着国家城市公共基础设施建设的规模越来越大，要求越来越高，单纯依靠政府进行投资建设难以提高建设的质量和效率。因此科学合理的选择承包商对项目进行建设、管理、运营得到越来越广泛的运用。本章通过建立考虑损失厌恶的 DEA 博弈交叉效率模型对交通运输基础设施的承包商进行评价和选择，对推动中国城市交通基础设施建设发展具有重要的意义。在本书第七章中，已经利用了 DEA 博弈交叉效率模型研究了城市公共基础设施的投资效益问题，与现有的大多数模型类似，建立了竞争关系的 DEA 交叉效率模型。所谓具有竞争关系的 DEA 交叉效率模型是指将城市看成是具有非合作竞争关系的决策单元，各城市之间为了争取公共基础设施投资资金配额而相互竞争。

　　为了考虑决策者在面对同样数量的收益和损失时，可以接受损失的心理程度，在这一章中，本书将利用前景理论来加以分析研究。投资决策问题实际上不仅要考虑客观存在数据的影响，同时还应考虑决策者对损失带来的感受程度，即他们承担风险的能力，是规避风险型决策者、追求风险型决策者还是风险中立型决策者。面对影响投资决策的诸多因素，决策者需要根据自身的偏好和专业知识对这些因素综合考虑，做出科学合理的投资决策。

◎ 8.1 引 言

高速公路项目是城市公共交通基础设施的一个重要组成部分，已经有大量的学者对其进行了研究。高速公路的发展对城市经济和社会环境的发展有非常重要的作用。中国的高速公路在改革开放后就进入了飞速发展的阶段。其中，高速公路的旅客周转量达到了 520 亿公里，投资额在 2006 年达到了 10130 亿元，年增长率就达到了 11.2%[186]。高速公路的发展虽然能促进城市经济的发展，但是高速公路的建设将排放大量的二氧化碳，对环境产生严重影响。Wang 等[187]的研究得出了结论：建设道路、桥梁排放的二氧化碳比建设路基和路面排放的二氧化碳要大。80% 的二氧化碳的排放来自原料生产，少部分的二氧化碳来自材料运输和现场施工。

高速公路不仅对经济和环境产生了影响，承包高速公路建设的同时也会承担一定的风险。Zayed 等[188]认为承包高速公路存在的两个风险，分别为公司层面和项目层面的风险。在高速公路项目中存在各种类型的项目风险，例如：经济、价格竞争、融资、项目完成和项目承包等风险[189]。同样的，El-Sayegh 和 Mansour[190] 也认为高速公路的建设存在较大的风险。他以高速公路项目自身和周围环境造成的风险分为项目内和项目外风险。项目内部风险包括技术风险、公司风险、选址风险和商业风险；项目外部风险包括政策风险、环境风险和社会经济风险。为了降低风险，政府以招标的方式鼓励承包商承包高速公路项目。与私有企业不同，政府更加关注高速公路项目带来的社会效益和环境效益，因此，选择承包商是一项非常谨慎的工作[191]。

为了促进城市经济的发展，许多国家加速发展城市高速公路项目的建设。为了减轻政府的负担，政府鼓励私人企业参与建设高速公路项目。例如，在菲律宾有两个主要的高速公路被承包，一个是 Tagalog 主干道收费公路，运营期为 30 年；一个是 Tarlac-Pangasinan-La Union 收费公路，运营期为 35 年[192]。Chen 等[193] 分析了泰国的 Ban Pong - Kanchananburi 高速公路在政府、私人投资企业和道路使用之间的关系。Tan[194] 认为私人企业比政府在建设公共基础设施上更加有效。因此，将公共基础设施承包给私人企业是很有必要的。Yang 和 Meng[195] 分析了中国南部的珠江三角洲地区城市内部的高速公路网络，他们认为私人企业应该利用他们自身的资本承包高速公路项目更有效。不仅承包高速公路的建设，同时拥有一定时间的运营权，并通过运营期间对高速公路的使用者进行收费，等运营时间结束后再无偿移交政府。

在以往大量的高速公路投标中，承包商的选择是一个复杂的过程，选择一个合适的承包商需要对成本和资质进行深入的研究。而且，高速公路建设是一个耗时和昂贵的过程。尽管如此，所有的承包商应该同等对待，对承包商的选择也应该是公平、公正的。因此，选择一个合适的承包商俨然已成为一个严峻的问题。考虑到决策者对损失和收益心理因素的影响，本章提供了基于损失厌恶的 DEA 博弈交叉效率模型对承包商的综合效益进行评估。为了分析前景效用对承包商选择的影响程度，本章对考虑损失厌恶的 DEA 博弈交叉效率模型和不考虑损失厌恶的 DEA 博弈交叉效率模型进行了对比分析，不仅如此，本章还对收益和损失的风险偏好系数以及损失厌恶系数进行了分析。

◎ 8.2 公共基础设施项目承包融资模式

政府部门为发展城市基础设施建设，对其实施的从筹资、建设、经营到管理的一系列活动以及在这之中所采用的方式和方法，属于城市基础设施建设的投融资模式。在对本章的研究过程中，承包商的选择属于基础设施项目承包过程中的首要任务，如若没有选择到最合适的承包商，那么基础设施项目承包的后续工作将会受到很大的影响。

为了选择合适的承包商，需要更好地了解基础设施建设项目的投融资模式。依据目前中国城市基础设施建设和发展的实际具体情况，本章主要对以下三种较常出现的投融资模式进行了解：政府与社会资本参与的 PPP 模式、BT 模式以及政府主导的 BOT 模式。

8.2.1 PPP 模式

PPP（public-private partnership），即公私合营模式，在公共基础设施项目中常见的一种项目运作模式。它是政府和私营企业（社会资本）的一种合作模式，在双方项目合同的约束情况下，共同完成城市公共基础设施建设过程涉及的所有任务。政府常常鼓励私营企业（社会资本）在这样的一种模式下进行合作。

PPP 模式是城市公共基础设施建设发展过程中兴起的一种项目融资模式，通过这样的一种模式，起到连接政府与私营企业的作用，使得合作各方达到比单独行动预期更有力的结果。

PPP 模式之所以能够存在于城市公共基础设施建设模式中，主要是由于这种模式的几个特点。首先，PPP 模式实现了政府职能的转变，由全能型转变为指导型，不再全权负责城市公共基础设施建设；其次，此种模式引入了社会资本，一定程度上能减轻政府的财政负担，政府的财政资金能转为它用；再次，在选择合作企业时，是通过相互竞争的方式，招标企业为了体现自身优势，会适当降低建设成本；最后，正是由于有政府和社会资本的合作，才能充分发挥双方各自的特点，将建设风险降到最低。

8.2.2 BOT 模式

BOT（build-operate-transfer），即建设—运营—移交，BOT 模式也是政府和私营企业的一种合作模式，他的主要对象是私营企业，这种模式同样也需要通过投标竞争，在竞争成功之后，政府将某一项公共基础设施建设的特许权交给该私营企业，私营企业在接受这个项目后负责整个项目的融资、建设和运营。并且在政府与私营企业签订的合同中包含了运营的时间期限，在这个期限内，私营企业可以通过盈利的方式向该基础设施的使用者收取一定的费用，以此来偿还建设该基础设施项目所贷的相应款项，但是并不是政府全权交由私营企业来做，政府主要起到对该基础设施项目的监督和调控作用。一旦特许经营期满后，私营企业需要将项目无偿或者以较少的名义价格转交给政府[196]。对于采用这种融资方式的项目，主要有收费的高速公路、污水处理站、城市暖气供热管道、城市水电供热管道等收费公共基础设施。

BOT 模式是一种产权组合模式，结合了债务和股权的方式，项目承包商从项目的设计开始，到建设和运营，均全权负责，最后转交给政府，这种模式具有与其他模式不同的地方：

（1）项目在特许经营期内。项目招标企业（社会私人机构）不仅仅可以向使用基础设施项目的使用者收取一定的费用，还可以向国有企业或单位进行出售，提供相应的产品和服务。

（2）减轻政府资金预算风险。政府把项目建设的风险全部或大部分转移给投标人，减轻了政府进行基础设施建设的压力，转嫁了风险。减少了政府的直接财富负担，可将资金转做其他项目的投资与开发，提高政府项目建设的效率；

（3）提高基础设施建设运营效率。由于基础设施具有建设周期长、投资成本高的特点，因此项目招标企业在建设过程中为了降低风险，提高收益而提高项目建设的运营效率，提供高质量的服务，在建设运营期获取更高的利润；

（4）受外部环境影响较大。基础设施建设项目周期长，建设期历时3～5年，建成后交给项目招标企业运营时间也较长，运营期根据签订合同约有20年到35年，从建设到运营期结束的20年到30年之间，经济效益会受到国家政治环境、利率、汇率等有关外部环境的影响，因此在招标时要考虑外部环境带来的影响。

8.2.3 BT 模式

BT（build-transfer），即建设—移交，该模式广泛地应用于交通、能源、电信和市政设施。中国城市公共基础设施 BT 模式的建设起步较晚，目前有几个典型的 BT 模式的项目，如重庆的菜园坝大桥项目和上海的地铁一号线项目。

BT 模式是 BOT 模式的一种变换形式，外界对 BT 模式进行了如下定义：政府将基础设施项目看成是一种"商品"，通过招标的方式订购一项工程，在选定承包商后，签订固定总价和固定工期的总承包合同，承包商和 BOT 模式一样，在合同期内负责整个项目的设计、融资和建设，但不同的是在基础设施项目建设竣工验收合格后，是由政府按照合同条款，将费用一次性支付给承包商。

这样的工程总承包与融资结合的融资模式，将融资的问题交给了承包商负责，显然，有效地减轻了政府的融资压力。BT 模式主要适用于建设融资规模大、复杂程度高的项目，因此在选择 BT 项目承包商时要综合考虑承包商的项目资金融资能力和承担风险的能力。

BT 建设模式是一种新型的投融资建设模式，主要有以下几个特点：

（1）适用于非经营性项目建设，BT 建设模式不包含运营这一过程，在政府与项目招标企业签订合同后，政府按照双方约定向投资方支付合同价款等一系列活动，项目竣工后，按照合同要求将建设项目交还给政府，建设项目具有非营利性基础项目的特征，由政府出资完成建设。

（2）缓解政府财政压力，有助于实施积极的财政政策。在基础设施建设项目开始前，须由项目建设企业承担建设期间的融资任务，能在一定程度上缓解政府的财政压力，加快基础设施建设的速度；

（3）BT 模式项目回购资金有保证，企业投资风险小，对大型基础设施建设而言，BT 项目是一种良好的投资渠道，在项目建设完成后，政府一次性将资金交付给企业，企业无须承担后期经济环境带来的风险。由于 BT 模式适用于建设投资规模大、复杂程度高的项目，因此吸引的均为大型工程项目承包商，无形中降低了中小建筑企业的恶性竞争的情况，提高了项目的准入门槛。

8.2.4 融资模式差异对比

通过对 PPP 模式、BT 模式以及 BOT 模式概念的了解，这三种模式的共同点都是通过政府部门与社会私人机构签订特许权协议，使政府部门与社会私人机构保持合作关系，是私营企业参与基础设施建设的项目融资方式，参与的主题与客体基本一致。这三种模式的区别分别体现在：

（1）PPP 模式与 BOT 模式比较。

在融资模式方式中，BOT 模式中的政府部门和私营企业之间存在上下级关系，双方没有建立完善的协调机制，往往因为信息不对称容易在协调上出现问题，PPP 模式的组织机构能够形成"双赢"的政企合作关系。在项目合作过程中，在 PPP 模式中，私营企业要参与进项目的论证阶段，但是在 BOT 模式中，私营企业则跳过项目的论证阶段，在项目实施才开始参与进来。在承担的风险中，PPP 模式能够较好地管理风险，能够增加整个项目的抗风险能力，有利于项目的顺利完成。而 BOT 模式容易受到信息不对称的影响，增加社会资本的风险。

（2）BT 模式与 BOT 模式比较。

基础设施建设适用范围不同：BT 模式以非经营性项目为主，如：城市绿化基础设施、城市道路、路灯、防灾等基础设施；而 BOT 模式以经营式项目为主，如：收费的高速公路、供水管道设施、供电管道设施等。

运作模式与投资回报方式不同：BT 模式不包含建设项目的运营，不具备运营权，在项目建设完成后立即交付政府部门，政府部门通过合同约定支付项目招标企业合同价款，BT 模式的招标企业需要靠其融资能力、管理能力和资源整合能力，在建设过程中通过降低建设成本获利；BOT 模式包含建设项目的运营，私营企业在确认承包项目后，根据合同要求有一定期间的项目运营权，在运营期间，私营企业可以通过建立恰当的运营机制收回成本，获取利润，最后到期将项目无偿交付给政府部门。

项目承担的风险不同：BT 模式的风险主要是基础设施项目建设合同签订时可能存在的政治风险和法律风险；项目建设过程中可能遇到的建设风险、融资风险；项目建设完成后是否达到建设标准的项目回购风险等；BOT 模式的风险主要是项目的运营风险，由于招标企业可能运营 20 年之久，在运营期间存在汇率风险、政治风险、自然灾害和不可预见的损失等。

（3）BT 模式与 PPP 模式比较。

PPP 模式是政府部门与私营企业共同建设、共同融资、共同承担相应的风险，并且还可以利用政府的优势，获取融资资本。BT 模式是通过前期招标方式确定项目投资方，由投资方按照约定完成公共基础设施的投资和建设。因此，可以认定为 BT 模式是一种投资行为，在基础设施项目建设完成后，政府部门根据合同要求进行付款，在此种模式下，中标的私营企业要面临政府部门不能按照合同要求回购的风险。在 BT 模式中，政府部门在一段时间内将项目的融资、投资、设计、建设等工作交给项目投资方，只是在这期间起到监督管理的作用，并不直接参与管理，而在 PPP 模式下，对于项目的建设、运营均以政府为主导。

◎ 8.3 利益分配原则

在本章的公共基础设施承包商评价与选择研究中，采用的是 BOT 融资模式。在 BOT 项目融资建设的程序中，私营企业的选择是非常重要的环节，在选择过程中是否有科学的决策对后续项目的顺利实施起到至关重要的作用。在选择项目承包商（招标）的过程中，应遵循基本的利益分配原则，只有利益分配方案得到项目承包商的认可，才能保证公共基础设施项目承包商选择的顺利实施，以减少因信息不对称而造成的损失[197]。

8.3.1 整体利益最优原则

城市公共基础设施建设是基于项目整体利益实现的基础上，实现整体利益是实现资金合理分配的前提，因此本章模型的目标函数设置为以追求城市整体的综合效益最优为前提。在保证整体综合效益达到最优的前提下，才能在资金的分配过程中保持更大的灵活性，同时以促进各个城市公共基础设施子系统之间的协调发展。

8.3.2 公平兼顾效率原则

城市公共基础设施建设项目中存在多种公私合营的项目，作为利益相关者，需要相互配合、紧密合作，强调公平原则有利于培养双方团结共进的精神。同时，在追求公平的情况下，还需要保证项目完成的效率，主动节约项目的运营成本。

因此，在选择合适的承包商之前，需要遵循利益分配原则，保证整体利益最优、基础设施建设项目公平且具有效率的前提下，选取承包商的评价指标。

◎ 8.4 承包商选择评价指标体系构建

8.4.1 公共基础设施项目承包风险分析

在第四章中，已经提到城市公共基础设施内部设施结构复杂，具有工程规模较大、施工周期较长的特点。并且，大部分的设施建设都需要在地底下完成，需要提前安排。正是由于公共基础设施自身的特殊性，一旦建设失败，出现质量问题，政府部门需要承担很大的风险。因此，需要分析公共基础设施项目存在的风险，从项目公司对风险控制力的强弱角度来看，项目主要分为可控风险和不可控风险[196]。

8.4.1.1 不可控风险

BOT 融资模式中常见的不可控风险包括：政治风险、经济风险、自然灾害等不可抗力风险，这些风险主要是外部环境带来的风险。

（1）政治风险

一般情况下，BOT 模式的运营期限较长，一般有 10 ～ 30 年的运营期，加上建设期的时间，在私营企业将项目移交给政府之前的这段时间内，很可能受到因国家调整相关政策的影响；除此之外，对于在政治不稳定的国家或地区进行投资建设时，战乱等因素的影响也会导致建设的中断或损失。

（2）经济风险

BOT 融资项目的经济风险主要受到银行利率、汇率以及货币兑换条件、通货膨胀等带来的风险。BOT 融资模式建设周期长，一旦利率发生变化，将直接导致项目的融资发生损失；当汇率发生变动时，国外进出口建筑材料的价格也会对建设项目的成本带来一定的影响，同时对招标企业的财务状况产生影响；近年来，国家通货膨胀的现象一直存在，对招标企业员工的工资，以及物价水平都会有一定影响，导致企业成本上升，进而影响企业项目的进展与盈利情况。

（3）自然灾害风险

自然灾害包括恶劣的天气状况，如台风、地震、山体滑坡等自然现象带来的不可抗力风险，自然灾害难以控制，对基础设施建设项目带来的风险程度是难以估量的。

8.4.1.2 可控风险

BOT 融资模式中常见的可控风险包括：融资风险、管理风险、经营风险、环保风险等，这些风险主要是由于承包商自身条件的差异而遇到的风险。

（1）融资风险

在 BOT 模式中，最重要的环节是融资，政府部门在选择项目承包商时首要考虑的一个因素是其是否有牢固的资金链和融资渠道，以保证项目的顺利实施。若项目承包商在承包项目后由于缺乏相应的融资资金获取渠道和管理经验，都会给项目的实施带来巨大的损失。

（2）管理风险

管理风险是项目承包商内部的管理问题，如若企业在项目建设期间，因信息不对称、管理不善、判断失误等管理不当，出现问题后又不能及时与政府部门沟通，而导致的时间、成本的浪费会严重影响项目的施工进度。

（3）经营风险

经营风险主要是出现在项目建设完成后，由项目承包商在特许经营期内常常由于受到外部环境和人为的影响，如经营管理制度不完善、基础设施修护不到位、未能有效预测可能发生的风险等问题，将直接对项目承包商带来经济损失。

（4）环保风险

由于城市基础设施具有显著的外部性，有些基础设施产品及其服务是私人性的，但是他们依然会产生外部效用，尤其是对环境的影响。例如，建设基础设施所需要的原材料在生产过程中将排放大量的二氧化碳。中国相关条例明确规定，对于基础设施而言，根据具体情况，在项目开始准备阶段直至项目完工阶段，以及项目运营阶段的所有过程中均需要按照国家环保要求，做好环境保护工作。特别是对于隧道、火力发电站、城市煤气供应设施、污水处理设施等项目，需要重点采取相关环境保护的措施。

8.4.2 评价指标体系构建的基本原则

BOT 融资模式下，为了选择合适的承包商，并且达到利益分配的激励效果，在选择承包商评价指标体系时，需要考虑承包商的综合能力，如：项目的融资能力、企业的财务能力、行业内信誉等级、企业人员规模、过往项目完成程度、完成质量、运营期长短要求等，以确定合适的承包商。但是，往往受到数据缺乏等因素的影响，不能将每一个因素都考虑在内，为了建设出造价低、工期短、质量优的城市公共基础设施，应该选择最具有代表性的指标，因此就需要按照一定的原则来构建综合评价指标体系[196]。

（1）系统性原则。在选择承包商的过程中，需要用到多个指标对承包商进行评价并作出决策，在建立相应的评价指标体系时，所选取的指标应该尽可能全面的反应承包商的综合水平，以重点考核因素建立指标体系，同时又需要尽可能考虑周全，以保证综合评价的系统性和可信度。

（2）规范性原则。建立的指标体系需要以城市公共基础设施系统的通用指标相一致，并且能保证相关专家以及读者与作者的理解保持一致，准确地进行评分。

（3）简明科学性原则。在选择评价指标时还应保持一定的科学性原则，选取的指标不能太宏观，太宏观容易对指标的评分引起误解，也不能太微观，太微观不能反映承包商的整体水平，并且也会增加获取数据的难度。同时，指标体系应尽量保持简单明了，尽量避免繁杂、难以理解的指标，能在一定程度上提高评价者的工作效率。

（4）可比性和可操作性原则。评价指标应具有普遍的统计意义，指标概念明确、数据易测易得，可操作性强，便于被评价者进行对比和分析。

（5）代表性原则。在选择承包商的过程中，项目评价者需要综合考虑多种因素，但是为了保证承包商选择的可操作性，只能挑选有限的评价指标数量。因此，在指标的选择过程中需要选择具有代表性的指标，同时保证所选指标能够较为全面地、有代表地体现承包商项目承包能力。

8.4.3 承包商评价指标体系的建立

根据指标体系构建原则，主要从承包商的内部环境和外部环境两方面考虑。

承包商内部环境主要是从承包商的自身条件出发，判断其是否具备承接公共部门外包的公共服务的能力，因此在选择承包商时，其公司规模、财务承担能力、管理能力、企业资质、企业信用等内部环境等因素成为评估其是否能够具备承包公共基础设施的硬性条件。最大程度上减少基础设施项目建设过程中出现的风险。除此之外，还要考虑承包商在该行业内的信誉情况，核查企业是否拥有良好的诚信记录、企业无偷税漏税等不良情况，避免出现"豆腐渣"工程等风险问题。

承包商的外部环境主要是从企业在进行基础设施项目建设时所受到的经济环境（汇率、银行贷款等）、社会环境（城市居民数量等）、政治环境（政府制定的有关基础设施建设相关政策等）以及项目所在城市的地理位置、历史遗留问题等因素的影响。

从承包商的业绩能力、融资能力、企业环境等筛选合适的评价指标，构建具有多层次结构的承包商评价指标体系，具体如图 8-1 所示。

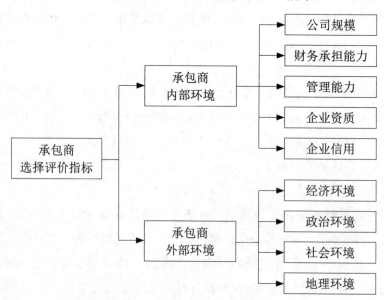

图 8-1 承包商选择评价指标体系

◎ 8.5 基于损失厌恶的 DEA 博弈交叉效率模型

在国家的基础设施建设过程中，政府都非常重视高速公路项目中承包商的选择，因为高速公路基础设施建设具有建设周期长、投资成本高的特点，一旦投资建设出现问题，将对国家经济的发展造成严重的损失[198]。在承包商选择之前，需要先了解本章用到的评价方法 —— 基于损失厌恶的 DEA 博弈交叉效率模型。

考虑到现实生活中决策者的有限理性心理和选择风险，本章在 DEA 博弈交叉效率模型中引入了损失厌恶心理因素。损失厌恶是 Kahneman 和 Tversky[98] 提出的前景理论中的重要发现，他们认为人们在面临同样幅度的盈利时，对损失更加敏感。

本章应用的前景效用函数由两部分的幂函数形式组成[152]，

$$v(x) = \begin{cases} (x-x_0)^{\alpha}, \ if x \geq x_0 \\ -\lambda (x_0-x)^{\beta}, \ if x < x_0 \end{cases} \tag{8-1}$$

其中 x_0 为参考点，参数 $0 < \alpha < 1$ 和 $0 < \beta < 1$ 分别代表收益和损失的偏好系数，决策者的风险偏好越大，则表明他们将愿意承担更大的风险。参数 λ 为损失厌恶的系数，用来衡量人们的相对损失厌恶程度[153]。如果 $\lambda > 1$，则表明决策者对损失更加敏感，即损失所带来的心理感受程度要大于同样幅度的盈利所带来的感受程度。

利用在第四章中提到的前景效用理论，我们引入了 DEA 博弈交叉效率模型。DEA 博弈交叉效率模型是由 Liang 等[89] 提出的，该模型用来评估具有竞争关系的决策单元（DMUs）之间的效率。正如 Liang 等[89] 提到的，在博弈交叉效率模型中，决策单元被看成是游戏中的博弈者，交叉效率值被看成是获得的报酬，每一个决策单元尽量使得自己的报酬最大（或最小）。

在传统的 DEA 模型中，承包商 d 对于整个承包商的效率值计算如模型（8-2）所示，

$$\max \frac{\sum_{r=1}^{s} u_r^d y_{rd}}{\sum_{i=1}^{m} v_i^d x_{id}}$$

$$s.t. \ \frac{\sum\limits_{r=1}^{s} u_r^d y_{rj}}{\sum\limits_{i=1}^{m} v_i^d x_{ij}} \le 1, j=1, 2, \cdots, n$$

$$v_i^d, \ u_r^d \ge 0, i=1, 2, \cdots, m; \ r=1, 2, \cdots, s. \tag{8-2}$$

其中，x_{ij} 是第 j $(j=1, 2, \cdots, n)$ 个承包商的第 i $(i=1, 2, \cdots, m)$ 个输入指标，y_{rj} 是第 j $(j=1, 2, \cdots, n)$ 个承包商的第 r $(r=1, 2, \cdots, s)$ 个输出指标。v_i^d 为承包商 d 的第 i 个输入指标权重，u_r^d 为承包商 d 的第 r 个输出指标权重。

为了简化计算，将模型（8-2）转化成如下的线性规划模型[199]，

$$\max \ \sum_{r=1}^{s} \mu_r^d y_{rd}$$

$$s.t. \ \sum_{i=1}^{m} \omega_i^d x_{ij} - \sum_{r=1}^{s} \mu_r^d y_{rd} \ge 0, j=1, 2, \cdots, n$$

$$\sum_{i=1}^{m} \omega_i^d x_{id} = 1$$

$$\omega_i^d, \ \mu_r^d \ge 0, i=1, 2, \cdots, m; \ r=1, 2, \cdots, s \tag{8-3}$$

对于被评估的每一个承包商 d，我们将得到一组权重 ω_i^{d*} $(i=1, 2, \cdots, m)$，μ_r^{d*} $(r=1, 2, \cdots, s)$。通过这一组权重，每一个承包商 j 的 $d-$ 交叉效率可以表示为，

$$E_{dj} = \frac{\sum\limits_{r=1}^{s} \mu_r^{d*} y_{rj}}{\sum\limits_{i=1}^{m} \omega_i^{d*} x_{ij}}, \ d, j=1, 2, \cdots, n \tag{8-4}$$

对于每一个承包商 j，$d-$ 交叉效率的均值可以表示为，

$$\bar{E}_j = \frac{1}{n} \sum_{d=1}^{n} E_{dj} \tag{8-5}$$

然而，交叉效率模型得到的解为非唯一解。根据 Liang 等[89] 和 Sun 等[200] 提到的，假设承包商为非合作博弈的博弈者，承包商之间存在相互竞争。假设在非合作博弈情况下，另外一名承包商 j 在使得自效率最大的情况下控制承包商 d 的效率值为 $\gamma_d(\gamma_d \le 1)$ 不变，则相对于承包商 d，承包商 j 的博弈 $d-$ 交叉效率值计算为，

$$\gamma_{dj} = \frac{\sum\limits_{r=1}^{s} \mu_r^d y_{rj}}{\sum\limits_{i=1}^{m} \omega_i^d x_{ij}}, \ d, j=1, 2, \cdots, n \tag{8-6}$$

其中 μ_r^d $(r=1, 2, \cdots, s)$，ω_i^d $(i=1, 2, \cdots, m)$ 是博弈 d- 交叉效率模型的最优权重。对于每一个承包商 j，博弈 d- 交叉效率模型如下所示，

$$
\begin{aligned}
\max \quad & \sum_{r=1}^{s} \mu_{rj}^d y_{rj} \\
s.t. \quad & \sum_{i=1}^{m} \omega_{ij}^d x_{il} - \sum_{r=1}^{s} \mu_{rj}^d y_{rl} \geq 0, \ l=1, 2, \cdots, n \\
& \gamma_d \times \sum_{i=1}^{m} \omega_{ij}^d x_{id} - \sum_{r=1}^{s} \mu_{rj}^d y_{rd} \leq 0 \\
& \sum_{i=1}^{m} \omega_{ij} x_{ij} = 1 \\
& \omega_{ij}^d, \ \mu_{rj}^d \geq 0, \ i=1, 2, \cdots, m; \ r=1, 2, \cdots, s
\end{aligned} \tag{8-7}
$$

设 $\mu_r^{d*}(\gamma_d)$ 为模型（8-7）的最优解，对于每一个承包商 j，均值博弈交叉效率定义为 $\gamma_j = \frac{1}{n} \sum_{d=1}^{n} \sum_{r=1}^{s} \mu_r^{d*}(\gamma_d) y_{rj}$。

考虑损失厌恶的影响，我们将均值博弈交叉效率 $\gamma_j (j=1, 2, \cdots, n)$ 作为价值函数的输出，同时定义 E_{dd} 为承包商 d 的 d- 交叉效率。此外，我们将 $\bar{E}_{dd} = \frac{1}{n} \sum_{d=1}^{n} E_{dd}$ 作为前景效用的参考点。因此，前景效用函数（8-1）可以转化为公式（8-8），

$$
v(x) = \begin{cases} (\gamma_j - \bar{E}_{dd})^\alpha, & \gamma_j - \bar{E}_{dd} > 0 \\ -\lambda (\bar{E}_{dd} - \gamma_j)^\beta, & \gamma_j - \bar{E}_{dd} \leq 0 \end{cases} \tag{8-8}
$$

根据公式（8-8），本章定义了承包商的综合评估模型，

$$
U(\gamma_j, c_j) = v(\gamma_j) + u(c_j) \tag{8-9}
$$

其中 $u(c_j)$ 为成本效用函数，该成本效用函数如公式（8-10）所示，

$$
u(c_j) = \frac{1}{1 + e^{c_j}} \tag{8-10}
$$

根据成本效用函数，决策者需要决定价格区间 $[p_{\min}, p_{\max}]$，对收集的数据进行标准化处理，标准化处理的公式如式（8-11）所示，

$$
c_j = \frac{2p_j - p_{\min} - p_{\max}}{p_{\max} - p_{\min}}, \ j=1, 2, \cdots, n \tag{8-11}
$$

其中 $p_j (j=1, 2, \cdots, n)$ 表示承包商 j 的合同价格，c_j 为标准化价格，$p_{\min}$ 和 $p_{\max}$ 分别表示最小承包价格和最大承包价格。

◎ 8.6 应用实例

在这一节中，将利用在 8.5 节中提到的综合效益评估模型来分析高速公路承包商的效率情况。本章选取了 10 个承包商来进行评估。

为了全面的评价承包商，需要选择合适的评价指标。Antoniou 等 [191, 201] 认为承包的选择标准应该包括：成本、适用范围、承包进程、净值、严格的时间表、绩效，等等。Shr 和 Chen[202] 认为承包商为了能够招标成功，取决于他的承包成本和施工的时间。除了竞标价格，Jaskowski 等 [203] 选择了劳动力、财政接受能力、以往项目完成的绩效、组织经验以及认证的管理系统作为审核的标准。Nieto-Morote 和 Ruz-Vila[204] 将技术能力、经验、管理能力、财政能力、以往绩效、以往的人际关系、名声、职业健康和安全作为选择标准。在前人研究的基础上，为不失一般性，本章选择了如下几个指标来评估承包商。

(1) 劳动力，指承包商所拥有的所有劳动力。用符号 $x_{1j}(j=1, 2, \cdots, 10)$ 表示，单位：人。

(2) 经济能力，指承包商拥有的总资产，他的财政承担能力。用符号 $x_{2j}(j=1, 2, \cdots, 10)$ 表示，单位：百万。

(3) 资质，指承包商所运营的时间。用符号 $x_{3j}(j=1, 2, \cdots, 10)$ 表示，单位：年。

(4) 完成时间，指承包商完成整个高速公路项目的时间。用符号 $y_{1j}(j=1, 2, \cdots, 10)$ 表示，单位：年。

(5) 收费时间，指承包商在完成项目后拥有运营权的时间。用符号 $y_{2j}(j=1, 2, \cdots, 10)$ 表示，单位：年。

(6) 承包成本，指承包商需要承担的最高的承包成本。用符号 $y_{3j}(j=1, 2, \cdots, 10)$ 表示，单位：百万。

选择指标的参数值由表 8-1 所示。根据表 8-1，在入选的 10 个承包商中，劳动力为 500 人到 1350 人，财政能力在 3 亿元到 12 亿元，运营的资质为 5 年到 12 年。项目的完成时间为 3 年到 5 年，收费时间为 25 年到 39 年。在该案例中，劳动力、财政能力、资质为输入指标，他们作为高速公路项目承包商选择的基本指标。项目完成时间和收费时间为输出指标，用来评估完成这个项目后的最终结果。

表 8-1 承包商绩效指标的参数值

承包商	输入指标			输出指标		承包成本 (百万)
	劳动力（人）	经济能力（百万）	资质（年）	完成时间（年）	收费时间（年）	
1	80	700	6	4	25	40
2	120	1000	7	3	25	53
3	135	1100	9	3	30	55
4	70	300	5	5	25	47
5	90	900	7	4	30	48
6	110	800	11	5	25	51
7	130	1200	12	3	30	60
8	87	1000	8	4	30	62
9	50	600	7	5	25	50
10	85	900	8	4	25	46

表 8-2 E_{dd}，博弈交叉效率值，前景效用值，成本效用

承包商	E_{dd}	博弈交叉效率值	前景效用值	成本效用
1	0.8571	0.7816	-0.1233	0.6608
2	0.7143	0.5151	-1.0398	0.4502
3	0.6667	0.3944	-1.2506	0.4174
4	1.0000	0.9942	0.4569	0.3854
5	0.9000	0.8366	0.2263	0.5333
6	0.5510	0.2774	-1.4255	0.4833
7	0.5760	0.2613	-1.4479	0.3392
8	0.8623	0.7123	-0.5407	0.3100
9	1.0000	0.9423	0.3961	0.5000
10	0.7273	0.4532	-1.1527	0.5663

根据模型求解得到的博弈交叉效率值由表 8-2 中第 3 列所示。根据公式（8-8），并令 $\alpha=\beta=0.5$，$\lambda=2$ 可以得到前景效率值，由表 8-2 中第 4 列所示。将承包成本标准化后，利用公式（8-10）可以得到成本效用值，由表 8-2 中第

5列所示。表8-3为利用前景效用情况下得到的总效率值及其排名与在不利用前景效用情况下得到的效率值及其排名情况。从表8-3中可以看出，在不考虑前景效用的情况下得到的总效率值要优于考虑了前景效用的情况下得到的总效率值。而且，通过比较两种方法，最终的选择也是不一样的。在考虑前景效用的情况下，9号承包商是最优的选择。然而，在不考虑前景效用的情况下，1号承包商是最优的选择。可见，损失厌恶的心理行为对承包商的效益评估与选择是有影响的。

表8-3　承包商选择比较

承包商	考虑前景效用		不考虑前景效用	
	总效用	排名	总效用	排名
1	0.5375	4	1.4424	1
2	-0.5896	7	0.9653	7
3	-0.8332	8	0.8118	8
4	0.8424	2	1.3796	3
5	0.7596	3	1.3699	4
6	-0.9422	9	0.7607	9
7	-1.1087	10	0.6005	10
8	-0.2307	5	1.0223	5
9	0.8961	1	1.4423	2
10	-0.5864	6	1.0195	6

为了分析参数对总效用值的影响，我们对前景效用参数 α，β 和 λ 分别进行了灵敏度分析。为不失一般性，风险系数 α 的取值范围为 $\{0.1, 0.3, 0.5, 0.7, 0.9\}$，其他参数 $\beta=0.5$，$\lambda=0.5$ 保持不变。图8-1为不同的风险系数 α 值的效用函数曲线图。很显然，风险系数 α 越大，承包商的总效益值越小。也就是说，决策者在收益情况下应该采取保守策略。

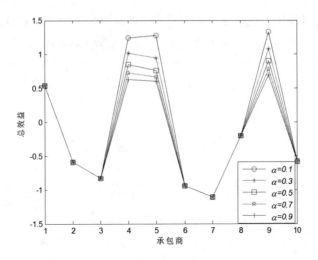

图 8-1　风险收益对总效益的影响

接下来分析风险系数 β。同样的，我们假设风险系数 β 的取值范围为 {0.1，0.3，0.5，0.7，0.9}，其他参数 $\alpha=0.5,\lambda=0.5$ 保持不变。得到了不同风险系数 β 对总效用值的影响图（如图 8-2 所示）。

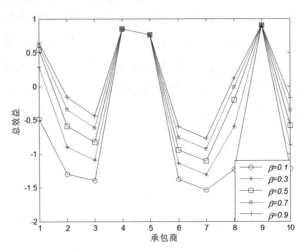

图 8-2　风险损失对总收益的影响

可以在图 8-2 看到，风险系数 β 对总效益值为负的承包商的选择产生影响。同时，在表 8-4 中可以看出风险系数 β 对排序也会产生影响。然而，对最终的承包商选择并不影响。风险系数 β 表示对损失承担风险的灵敏度，风险系数 β 越大，决策者对损失越敏感。也就是说，决策者在面临损失时，会采取激进的策略。

表 8-4　承包商在不同风险系数 β 下的排序

承包商	β=0.1	β=0.3	β=0.5	β=0.7	β=0.9
1	4	4	4	4	4
2	7	7	7	6	6
3	9	8	8	8	8
4	2	2	2	2	2
5	3	3	3	3	3
6	8	9	9	9	9
7	10	10	10	10	10
8	6	5	5	5	5
9	1	1	1	1	1
10	5	6	6	7	7

同样的，我们可以分析损失厌恶系数 λ 对总效益的影响。令损失厌恶系数 λ 取值范围为 {1.5，2，2.5}，其他参数 α=0.5，β=0.5 保持不变。图 8-3 为在不同的损失厌恶系数 λ 情况下的总效益值。可以看到，损失厌恶系数 λ 越大，总效益值越小。也就是说，随着损失厌恶系数 λ 的增加，决策者越讨厌损失，当决策者为风险厌恶型决策者时，应该采取保守型策略。

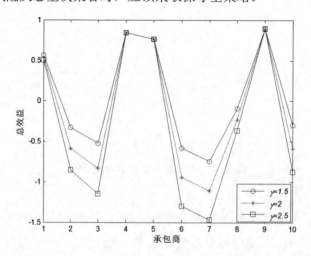

图 8-3　损失厌恶系数对总效益的影响

◎ 8.7 本章小结

本章以城市高速公路基础设施为例,对承包商的选择进行了分析。

首先,本章分别对公共基础设施项目的三种主要的承包模式的定义和特点进行了说明,并对这三类主要的承包模式进行了差异化对比。然后,通过利益分配原则构建了承包商选择评价指标体系。最后,利用前景理论对 DEA 博弈交叉效率模型中高速公路承包商的选择与评价问题进行了探讨,建立了考虑损失厌恶的 DEA 博弈交叉效率模型。

在构建的模型中,通过 DEA 博弈交叉效率值对承包商进行了评估,得到了承包商的博弈交叉效率均值。由于高速公路项目建设时间长、成本高、安全性要求高,选择错误的承包商会带来严重的后果。本章以 DEA 博弈交叉效率模型为基础,利用博弈交叉效率均值为参考点,衡量决策者对承包商带来损失,最终建立了选择承包商的综合评估模型。

研究结果表明,损失厌恶对决策者的决策评估会产生影响。在决策问题中,有必要考虑决策者对风险的心理承受能力。在面临损失时(承包商的效率值低于参考点),随着 β 值的增加,总效益值也会增加,决策者属于风险偏好型的决策者,对收益(承包商的效率值高于参考点)的变化更加敏感,对损失更加迟钝,倾向于选择效率值低的承包商,认为最终会带来更大的效益;在面临收益时,随着 α 值的增加,总效益值会减少,决策者属于风险厌恶型的决策者,倾向于选择评估效率值高的承包商。本章通过实际案例的分析,为城市公共基础设施投资效益优化模型的建立与评价提供了参考。

第 9 章 结论与政策建议

◎ 9.1 结论

本书以揭示城市公共基础设施投资建设对中国城市发展带来的经济、社会、环境效益影响的演化机制、作用机理和实现路径为研究目标；基于城市公共基础设施效益评价方法的相关理论基础，探讨为保证效益最优的城市公共基础设施投资分配机理、城市公共基础设施投资效益评价方法以及城市公共基础设施建设项目承包商的评价与选择，为实现本书研究目标提供了理论基础和现实依据；为中国城市公共基础设施建设的发展提供具体的研究方法，将理论分析与归纳分析相结合，通过比较研究和实证研究对中国城市公共基础设施投资效益进行了系统的研究，为优化城市公共基础设施投资建设提供参考和借鉴。

本书的研究内容总体上可以归纳为五个部分：

第一部分是国内外相关研究的综述。主要从两个方面进行综述，一是从城市公共基础设施对城市经济效益、社会效益和环境效益带来的三方面的影响出发，分析国内外研究现状；二是就本书用到的投资效益优化方法进行国内外研究现状分析。本部分为本书的理论研究和方法研究提供了研究基础。

第二部分是对中国城市公共基础设施建设投资现状展开详细的描述。主要分析了 1978 年至 2017 年中国城市公共基础设施的总体发展历程、各地区投资情况、分行业投资情况，对中国城市公共基础设施建设投资存在的问题进行了讨论。本部分是整本书研究的前提。

第三部分是本书需要用到的城市公共基础设施投资优化的相关基础理论。分别就城市公共基础设施建设的发展历史、投资理论、效益评价方法展开了讨论。本部分为本书的后续研究做好了理论铺垫，提供了方法支撑。

第四部分是利用群体多属性决策、模糊投资优化模型、数据包络分析（DEA）、损失厌恶模型等方法分别对城市公共基础设施效益结构进行优化和探讨。本部分是本书的重要研究部分和核心内容。

第五部分是结论与政策建议部分。这部分主要包含了两方面内容：一方面是通过利用城市公共基础设施的综合效益评价和优化方法对得到的结论进行总结，另一方面是就新型基础设施建设投资发展前景进行了简单的分析。

在此基础上，本书得到以下主要研究结论：

第一，本书通过借鉴历年《中国统计年鉴》《中国城市统计年鉴》《中国城市建设统计年鉴》《中国交通统计年鉴》《中国能源统计年鉴》等资料，分行业、分区域从国家和省区层面定量分析了中国从 1978 年—2017 年的城市公共基础设施投资建设情况。具体来看：

分行业，对于中国城市基础设施投资建设的行业差异：首先，可以看到中国对城市交通的重视程度逐年提高，从城市交通带来的溢出效应也可以看到国家的经济增长有很大一部分得益于城市交通基础设施的发展，因此加强交通基础设施的建设运营是十分有必要的。其次，在 1998 年之前，排水、污水处理、防洪、园林绿化、市容环境等基础设施的投入严重不足，其所占基础设施的固定资产投资总额比重仅在 10% 至 20% 左右波动，而在 1998 年之后，环境基础设施投资占比首次超过电力、燃气及水的供给基础设施的投资占比。可见，现代城市化的发展诱发了城市环境的污染，国家也开始逐渐重视城市环境问题；最后对于电力、燃气及水的生产与供给基础设施的投资情况，可以看到国家在改革开放之初是十分重视其发展水平的，随着电力、燃气及水的生产与供给相关基础设施的逐渐普及，之后其所占基础设施固定资产投资总额权重呈下滑趋势，其权重一直徘徊在 20% 左右，投资占比增长十分缓慢。

分区域，对于中国城市公共基础设施区域差异：中国东部地区具有较为完善的基础设施系统，其中就包含了发达的交通运输网络和地下管道网；中部地区具有较为发达的水务设施系统；西部地区交通运输基础设施投资明显低于东部和中部地区，给水、排水管网基础设施投资建设更是不足。东、中、西部地区城市基础设施投资的不平衡制约了中国整体经济的发展，决定了中国在相当长的一段时间里需要重点发展中、西部地区的城市建设。

第二，相比现有的国内外研究成果，目前以城市公共基础设施系统为整体研究的综合效益还很少。本书研究了城市公共基础设施的六大设施系统（能源供应设施、给水排水设施、交通运输设施、邮电通信设施、环境保护设施、防灾安全设施）的综合效益评价问题，给出了群体多属性决策下的城市公共基础设施系统的投资分配模型。同时，根据评价的结果对投资规模给出了定量的判定方法。

第三，根据城市公共基础设施效益权重分别得到了经济效益、社会效益、环境效益的比重情况。建立了模糊情况下的投资组合模型，利用模糊数对城市公共基础设施的三大效益实现了量化计算，利用模糊投资组合模型对北京、天津、上海、重庆的城市基础设施投资情况进行了分析，并利用粒子群算法和MATLAB软件对 2000 年到 2013 年的历史数据进行了分析，所得到的研究成果有助于从总体上把握城市公共基础设施建设的投资现状。

第四，城市公共基础设施投资系统的效益不同于一般的建设项目。它是公共物品，所带来的社会效益要远远高于经济效益。加上中国地区区域差异大，在国家项目投资资金有限的情况下，城市间的融资存在一定的竞争关系。本书参考国内外相关领域学者的研究，建立了一套以经济效益、社会效益、环境效益为准则的城市公共基础设施投资综合效益指标系统，并利用该指标系统构建了城市公共基础设施的 DEA 博弈交叉效率模型。研究结果表明东部地区城市群具有较高的基础设施投资比重，较低的基础设施综合效益；西部地区具有较高的基础设施综合效益，较低的基础设施投资比重。同时，本书通过实证研究表明了采用 DEA 博弈交叉效率模型分析城市公共基础设施的综合效益是科学并且合理的。

第五，城市公共基础设施系统是一个庞大的系统，涉及面广。而交通运输设施系统又是城市公共基础设施系统的重要研究对象。在确定其投资对象后，合理地选择承包商以保证城市交通运输基础设施的效益达到最优。在现有研究的基础上，本书引入了主观因素，考虑了决策者的心理行为对决策产生的影响，即引入了前景效用理论中最经典的理论——损失厌恶理论。研究结果表明，在决策者选择合适的承包商时，损失厌恶心理会对选择结果产生影响。损失厌恶理论的引入是对城市公共基础设施投资系统效益研究的创新和拓展，从多个方面、较完整、较准确地将城市公共基础设施投资系统与效益结构的评价有机地结合起来，为基础设施投资系统效益结构的优化控制提供更好的依据。

◎ 9.2 政策建议

通过对中国城市公共基础设施经济、社会、环境三重效益的影响研究，立足目前中国城市公共基础设施建设的投资情况和现有存量情况，采用多属性决策模型、数据包络分析、博弈交叉效率模型、前景理论、模糊数理论等对城市公共基础设施的投资效益进行了综合的评价。基于本书得到的相关研究结论，从加大城市公共基础设施投资力度、调整城市公共基础设施内部投资结构、优化城市公共基础设施投资区域结构三个维度出发为提高城市公共基础设施综合效益的实现路径提出政策建议。

9.2.1 加大城市公共基础设施投资力度

城市公共基础设施是城市居民生活必不可少的生产要素和物质载体，在国民经济中具有非常重要的战略地位，是实现国家或区域经济效益、社会效益、环境效益的重要条件，对区域经济的发展具有重要作用。

城市公共基础设施投资建设要以满足城市经济和社会发展需要为前提，既不能过度超前投资，也不能落后于城市经济的发展需要。就目前而言，中国城市公共基础设施投资建设固定资产从 1978 年的 12 亿元增加到了 2017 年的19327 亿元，1980 年中国城市公共基础设施投资建设固定资产投资额占社会固定资产投资的 1.79%，到 2017 年增加到了 3.01%，但是离联合国在世界银行的《世界发展报告》中建议的 9% ~ 15% 仍然相差很大的距离，总体来看，城市公共基础设施投资规模仍然是比较滞后的。

因此，中国城市应当进一步加强城市公共基础设施投资力度，以提高城市公共基础设施投资的规模和质量为目标。

9.2.1.1 引导更多的社会资本进入城市公共基础设施建设领域

近年来，随着中国城市地加快发展，城市公共基础设施建设需求进一步增大，单一靠政府投资建设很难实现充分供给，需要引导更多的社会资本加入城市公共基础设施投资建设领域，以提供更加有效的城市基础设施建设。

对于新建的城市公共基础设施项目，为吸引社会资本的加入，负面清单模式能够有效地吸引社会资本的进入，降低合作门槛，不再将基础设施项目仅仅列为国有企业和国有资本的合作范围，为鼓励民间资本参与投资，需进一步放开交通基础设施、能源基础设施、通信基础设施等经营性基础设施领域的准入条件，减少对民间资本设置的歧视性条款，适当赋予民营企业更多的自主权和话语权。建立健全的基础设施价格机制，保证有特许经营期的民营企业能在运营期内获利，在一定程度上对民营企业进行资金的扶持和担保，降低民营企业的投资风险，减轻民营企业的财政困难。国家和政府要保障民营企业的利益不受到损害，在民营企业和消费者出现纠纷时，能公平公正的保障消费者和民营企业双方的利益，以减少城市公共基础设施项目在建成后潜在的安全隐患和经济纠纷等情况的发生。

对于已经建好的城市公共基础设施，由于非经营性基础设施已经完成了项目的交接工作，因此主要针对的是经营性的基础设施，对于这一类已完成建设的项目，前期工作已经完成，重点落在了项目的运营上，为了保证在运营期能有效回收成本，需要加强后期的管理，制定合适的价格机制，抑或采取股权转让等方式获取利润，引入社会民间资本投资，减少国有企业投入成本，在人力、物力、财力不足的情况下引入民营企业团队，加强民营企业专业化人才培养能力，引进社会化的管理团队，利用团队专业化知识、技能、经验和项目管理能力，提高公共基础设施项目管理水平，提高项目的运营效率，盘活存量资产。

9.2.1.2 提高城市公共基础设施投融资配置效率

城市公共基础设施建设投融资过程是长期并且复杂的资本配置过程，通过金融支持城市公共基础设施建设，需要提高投融资配置效率。

首先，推动政府与市场协调发展。结合当地城市公共基础设施投融资发展的规模和结构特点，地方政府和市场根据城市化的发展需要，充分发挥市场对城市资源配置的决定性作用。同时，加强政府的引导，将社会融资资金合理分配给城市公共基础设施建设，重点发展城市资源类基础设施。根据基础设施与经济正常呈现"U"型特征，要避免将过多资金投资于交通基础设施、能源基础设施、电信基础设施等这一类经济型的基础设施，加大城市人文教育基础设施和环境基础设施建设。

其次，坚持构建多元化、多层次的投融资体系。通过实现投融资主体以及形式的多样化，在考虑债务结构和偿债能力的前提下，实现资本性资金与债务性资金的筹集并举，实现筹融资结构合理化，为促进城市公共基础设施建设的可持续发展提供充足的资金保障；通过依托多层次的资本市场体系，拓宽多元化发展的投融资渠道，建立健全的风险评估体系、质量监管体系等内容为核心的政府负债融资风险控制机制，全面提高城市公共基础设施投融资的风险管控机制[205]。

再次，坚持近期与长远相结合。城市公共基础设施项目的建设周期和运营时间决定了需要考虑项目的长期目标，需研究定制长期任务和政策以指导和带动长期的城市基础设施投融资工作，立足于解决城市公共基础设施在投融资过程中遇到的重点问题，保障社会民营企业在公共基础设施建设项目的投融资安全；以城市发展规划、产业政策、行业标准为投融资活动的风向标，制定严格的城市公共基础设施项目准入机制、优化城市公共基础设施项目投资比例、强化项目质量监管机制等；以大金融系统推动城市化进程，实现资本密集度高的规模生产、资金消耗较大的交通设施网络建设和大物流建设的融合发展。实现基础设施的多元化融资渠道，减轻城市公共基础设施给地方政府带来的经济压力，提高基础设施投资效率。

9.2.2 调整城市公共基础设施内部投资结构

城市公共基础设施包含非常广泛的内容，在城市公共基础设施发展的不同阶段所涉及的内容会有一定差异，同时，不同的基础设施子系统给城市带来的影响也是不同的。

从全国整体公共基础设施投资内部结构来看，可以将城市公共基础设施分为经济类基础设施（包括交通基础设施、能源基础设施等）和非经济类基础设施（又称社会类基础设施，包括生态环卫基础设施、教育基础设施等）。不管是经济类基础设施还是非经济类基础设施，均是城市建设不可缺少的部分，两类基础设施的投资建设均非常重要。然而，通过对中国城市公共基础设施投资结构来看，可以发现对于经济类的基础设施，国家历年来一直以重点投资项目进行投资建设，而非经济类的基础设施一直落后于经济类基础设施的建设发展。因此，有必要调整城市公共基础设施内部投资结构，在保证经济类基础设施快速发展的同时，非经济类基础设施的投资建设也不能忽视，合理配置资源，促进城市基础设施建设水平和城市化进程的协调发展。

9.2.2.1 加强环境保护基础设施投资建设

改革开放以来，中国城市环境保护基础设施的投资逐年增加，1981年城市环境保护基础设施投资为3.8亿元，到2017年，中国城市环境保护基础设施投资为3611.4亿元（见表3-2），然而在总体城市公共基础设施投资中占比一直在15%~20%左右波动，甚至可以看到2017年城市环境设施基础投资占城市公共基础设施总投资的比重低于1981年城市环境设施基础投资占城市公共基础设施总投资的比重，由此可见虽然中国对于城市环境保护基础设施的投资额有所增加，但是相比其他城市基础设施投资一直处于劣势。说明了在中国城市化高速发展的阶段，城市环境保护基础设施的投资建设一直没有跟上城市化发展的步伐。

随着城市环境污染情况越来越严重，适当增强城市环境公共基础设施投资力度显得尤为重要，通过调整城市公共基础设施投资结构，增加城市园林绿化面积、城市垃圾分类基础设施、污水、无害化处理厂、市容环卫设施的投资建设，以有效改善城市生态环境。从城市环境保护基础设施投资情况来看，单纯依靠政府财政投资已经不能满足环境保护基础设施的投资需求，可以借助市场的作用，通过吸引民营企业投资，推动城市环境保护基础设施的建设进程，保证城市建设的健康发展。

首先，推动环境保护基础设施投融资主体多元化建设。城市的环境保护既离不开政府的支持，也要遵循市场机制，科学制定环境保护基础设施投资的决策、建设、运营、监督和评价体系。逐步弱化政府在环境保护基础设施投资中的主体地位，将银行资本、债券、私营企业等多元化的社会资本融入环境保护基础设施投资建设中，构建多元化的城市环境保护基础设施投融资体制和管理机制，最大限度地筹集城市环境保护基础设施投资资金，推动城市环境建设的发展。

其次，提高城市环境污染治理效率。对于城市环境的建设过程中，不仅要考虑城市环境保护基础设施的投资额，还要考虑城市环境污染的治理情况，从源头减少城市的环境污染，以达到保护城市环境的目的。第一，可以通过提高城市水资源、能源、废弃物的利用效率的方式来减少城市废物的产出量以减少环境污染程度；第二，可以通过加大科技创新投入，重点支持环保节能产品的产出，提高产品质量，提高科技环保产品的转化效率；第三，对环境保护基础设施投资项目做到严格的监管，增加对环境污染治理项目的投资比重。

最后，加强城市环境保护基础设施建设和运营管理机制。随着城市公共基础设施投融资模式建设的普及，在城市环境保护基础设施建设方面也有了合适其发展的企业化管理模式。各地方政府应适当的将权力下放给愿意投资的企业，减少自身的垄断权利，为多元化投资项目方提供更多的优惠便利措施。作为城市环境保护的管理者，在城市环境保护基础设施投融资的市场化运营过程中，政府要保护好民营企业参与城市环境保护的合法权益，适当给予相关税收优惠政策，鼓励民营企业的积极参与，尊重民营企业的参与权和管理权，实行"谁投资、谁所有、谁经营、谁受益"原则。

中国城市公共基础设施投资对城市节能减排具有显著的促进作用，引入国际上较为成熟的"绿色基础设施发展理念"，联合"互联网＋"推动城市环境基础设施建设，为中国城市环境质量的提升提供保障。以建设世界一流的环保基础设施为目标，是打造城市优质生活圈的重要支撑，保持优质的城市生态环境，也有利于加强城市对人才、资本等要素的吸引力和凝聚力，不断提高当地城市的总体竞争力。

9.2.2.2 加强社会类基础设施投资建设

在城市工业化发展阶段，应以满足经济型基础设施为前提，以形成一定的资金积累，随着城市化水平的逐步提高，人口密度增大，高新技术产业、服务业对城市发展的作用逐渐凸显出来，此时，有必要转变公共基础设施投资结构，增加社会类基础设施投资比例。

相比经济类基础设施，教育、医疗、社会服务等社会类基础设施对城市经济的增长作用较小，社会类基础设施对城市建设发展的影响周期更长，存在较长的滞后效应。从对城市的长期经济发展来看，教育类基础设施投资会使得人力资本质量得到大幅度提升，进而促进城市经济的发展；医疗类基础设施的发展有利于提高城市居民的身体健康水平和社会福利水平，有利于整个社会的和谐与稳定。随着城市化进程的加快发展，大量农村人口涌入城市，在推动城市建设发展的同时，也为城市教育和医疗带来了巨大的挑战。

因此，在城市发展的不同阶段，要充分协调好能源基础设施、交通基础设施、给水、排水基础设施和人文教育类基础设施、医疗环卫基础设施、文化娱乐基础设施的投资结构，充分发挥各类基础设施的作用，合理配置资源，保证社会类基础设施投资占一定的比重，以满足未来城市建设过程中对教育和医疗的需求，城市社会类基础设施的投资建设对社会的长期发展具有非常重要的意义。

9.2.3 优化城市公共基础设施投资区域结构

通过本书的研究可以发现，中国城市公共基础设施建设投资水平、现有存量情况在东部地区、中部地区和西部地区存在明显的区域不平衡特征。其中，东部地区城市公共基础设施投资建设水平最高，中部地区城市公共基础设施水平低于东部地区基础设施水平，但高于西部地区城市公共基础设施水平，西部地区的城市公共基础设施处于全国最低水平，虽然，西部大开发20年来，西部地区经济社会发展取得了显著成效，城市基础设施投资发挥了重要作用。然而，整体上来看，西部地区仍然与东部地区的城市公共基础设施建设存在一定差距，在一定时期内，仍然需要大力投资建设。

因此，针对不同地区的城市基础设施发展情况，应采取不同的投资方案。

首先，从城市公共基础设施投资效率来看，东部地区以北京、天津、上海、广东为代表，东部沿海城市居多，多为经济发达的地区，该区域的城市公共基础设施投资效率较高，有效地满足了当地城市经济发展的需求，因此东部地区主要以提高城市科技性基础设施投资为主，一般性基础设施投资建设为辅。中部地区以东北两省（吉林、黑龙江）、两湖（湖南、湖北）为代表，地形较为复杂，以高原和丘陵为主，城市基础设施建设受到一定阻碍，该地区的城市基础设施投资效率较东部地区低。同时，由于中部地区城市工业化水平低，低于东部地区城市发展的经济水平，导致部分城市公共基础设施投资出现了产能过剩。因此，中部地区不仅需要优化城市公共基础设施投资结构，还应采取相应措施提高城市经济发展水平，提高中部地区的城市公共基础设施投资效率。由于西部地区包括了甘肃、新疆等偏远地区，除重庆、四川盆地和关中平原以外绝大部分地区是中国经济欠发达、需要加强开发的地区。这些城市的公共基础设施还有大量的投资建设空间，虽然近年来，中国重点发展西部地区，其经济增长速度明显加快，使得城市基础设施投资效率逐步得到提升，在今后的城市基础设施建设过程中，仍然要重点加大其投资建设力度，提高西部地区的公共基础设施投资效率。

其次，从城市公共基础设施的分行业投资情况来看，东部地区城市经济发展快，城市基础设施建设投资力度大，基本达到饱和状态，要充分发挥一般性基础设施投资的技术创新效率。对于东部地区来讲，信息基础设施和科技性基础设施产出弹性较大，应加大信息基础设施和科技性基础设施投资力度，通过加强信息基础设施建设，推动东部地区经济新增长，防止过度投资对城市发展带来的不利影响；对于中部地区的城市公共基础设施建设，科技性基础设施投资还未达到促进城市区域创新发展的程度，一般性基础设施建设还存在投资建设空间，因此要在保证一般性基础设施建设的前提下，逐步推动科技性的基础设施建设，以推动中部地区的科技创新需求；对于西部地区的城市公共基础设施建设，不管是一般性基础设施还是科技类基础设施，均没有达到城市均衡发展需求，因此要重点推动西部地区的城市公共基础设施建设投资需求，一方面以更好地推动西部地区经济的快速发展需求，另一方面，通过加强城市基础设施投资建设，加大"西气东输""西电东送"等相关基础设施投资力度，将丰富的能源资源输送至资源紧缺的东部地区，在降低东部地区资源紧张的同时，亦能加快西部地区城市经济的发展，从而促进全国城市经济的平衡发展。

◎ 9.3 展　望

9.3.1 本书研究内容的不足之处

对于本书的研究，虽然取得了一定的研究成果，但是由于不可避免的主观和客观约束，需要进一步研究：

（1）虽然构建了群体多属性决策模型，该模型是以专家打分为基础的，具有一定的主观性，如何进行合理的打分、群体多属性决策的一致性仍有待进一步探讨。同时，第五章构建的 5 个评判属性（就业机会、收入水平、经济增长、资金投入、能源消耗）并不完全能代表城市公共基础设施六大系统的综合效益指标，因此该评判属性指标需要进一步完善和优化。

（2）在现实生活中，对于大型的投资决策而言，往往会受到诸多的约束。在第六章中，三角模糊数的引入考虑了投资决策的不确定性，模糊综合评价具有一定的主观性和经验性，然而投资者所面临的不确定性还包括了收益的不确定性、市场的不确定性。因此，对于投资组合选择问题中的混合不确定情况也可成为本书后续研究的方向之一。此外，关于城市公共基础设施经济效益、社会效益、环境效益权重的选取有一定的主观性，如何获得有效的权重还有待进一步商榷。

（3）选取的城市公共基础设施投资综合效益指标体系虽然对经济、社会、环境的投资效益具有一定的代表性，但仍然分析的不够全面。同时，在博弈交叉效率研究中，将决策单元之间看作是非合作关系进行研究，然而事实上，决策单元之间有可能存在合作的关系，或者是两者皆存在。因此，如何在博弈论的框架下，同时考虑存在合作和非合作的关系是未来一个值得研究的课题。

（4）将行为心理学引入了DEA博弈交叉效率模型中，分析了损失厌恶与损失偏好对城市公共基础设施建设承包商的选择的影响。在承包商评估中选择了劳动力、经济能力、资质、项目完成时间、收费时间、承包成本这6个指标对承包商进行评估。虽然这些指标能够在一定程度上具有一定的代表性，并且能够对承包商进行较为全面的评估，但是仍然需要根据不同城市、不同的研究对象进行调整。同时，第八章中的参数 α，β 和 λ 对模型的影响的取值范围具有一定的主观性，如何确定合理的取值范围还有待进一步分析。本书存在的这些问题也将成为后续研究的发展方向。

（5）本书在承包商的选择研究中，选择了BOT融资模式进行研究，虽然BOT融资模式具有解决资本不足的独特优势，但是并不是所有项目都适合采用BOT融资模式，具体选择哪种模式能使得利益相关者的收益最大化仍然值得深入研究。

（6）随着本书研究的不断深入，所提出的解决方法将越来越复杂，数据规模越来越大，利用传统的优化算法难以对这些复杂的模型进行有效的求解。因此，设计一个更为有效的优化算法会是一个值得认真探讨的问题。

9.3.2 未来发展方向：新型基础设施建设

9.3.2.1 新型基础设施建设的提出背景

2008年，金融危机席卷全球，全球经济受到巨大影响，中国为了减少金融危机对国内的影响，投入了四万亿开展"铁公基"计划，通过建设城市高速公路、城市轨道、供水、供电管网等公共基础设施，解决了金融危机带来的就业问题和确保了国家 GDP 增速达到 8% 的难题。

和以往"铁公基"有所不同，这次国家重点投资建设的对象称之为"新基建"。从 2020 年开始，国家正式投入大量资金开展"新基建"建设。然而，早在 2018 年 12 月，中央经济工作会议就提出了"新基建"的概念，并将"加强新一代信息基础设施建设"列入了 2019 年的政府工作报告，并要求加快发展 5G 商用发展步伐和互联网协议规模部署，加强人工智能、工业互联网、物联网等新型基础设施的建设与企业的融合应用；2020 年 1 月，发展先进制造业成为国务院常务委员会议的重要内容，加快推动国家智能制造、绿色制造的发展步伐；2 月，中央全面深化改革委员会提出要打造集约高效、经济适用、智能绿色、安全可靠的现代化基础设施体系；3 月，国家初步提出"新基建"范围，涉及了 7 大领域，包括了 5G 基站建设、人工智能、工业互联网、大数据中心、特高压、新能源汽车充电桩、城际高速铁路和城际轨道交通；4 月，国家发改委将"新基建"定义为：以发展理念为引领、以技术创新为驱动，以信息网络为基础，面向高质量发展需要，提供数字转型、智能升级、融合创新等服务的基础设施体系。

赛迪智库 2020 年发表了"新基建"发展白皮书，认为"新基建"是服务于国家长远发展和"两个强国"建设战略需求，以技术、产业驱动，具备集约高效、经济适用、智能绿色、安全可靠特征的一系列现代化基础设施体系的总称[1]。

2020 年，受新冠肺炎疫情的影响，全国人民开启了"居家模式"，通过线上开展学习、购物、教育、医疗、娱乐等活动，由此，使得大量电商企业呈现井喷式增长。电商的兴起离不开信息基础设施建设，在信息技术快速发展时代下，传统基建已经难以满足城市经济发展的需求。

---

[1]《赛迪："新基建"发展白皮书》。

9.3.2.2 新型基础设施与传统基础设施的区别

传统的基础设施是指为社会生产生活提供基础性、大众性服务的工程和设施，是社会赖以生存和发展的基本条件。本书采用工程性的城市基础设施，主要包括能源供应设施、给水排水设施、交通运输设施、邮电通信设施、环境保护设施、防灾安全设施等工程设施。现实生活中，对于基础设施更广泛的定义还应包含社会性基础设施：教育文化、医疗卫生、科技、体育等。而新型基础设施打破了企业生产经营、消费者生活体验的时间和空间的局限，以构建线上、线下、制造服务一体化的数字经济新模式；是以发展理念为引领、以技术创新为驱动，以信息网络为基础，面向高质量发展需要，提供数字转型、智能升级、融合创新等服务的基础设施体系。

相比传统基础设施，新型基础设施的"新"主要体现在以下几个方面：

第一，新的投资领域。从对新型基础设施的内涵中，可以看到，新型基础设施建设是新兴产业、涉及前沿科技的未来领域，具有高端的产能。主要涉及三大类基础设施领域。第一类是信息基础设施，主要是由信息技术演化生成的基础设施，以5G、物联网、工业互联网、卫星互联网等通信设施为主的通信网络基础设施；以人工智能、云计算、区块链为代表的新技术基础设施以及以数据中心、智能计算中心为代表的算力基础设施。第二类是融合基础设施，是指在原有的城市铁路、公路、轨道交通、能源等基础设施基础上进行智能改造，支持传统基础设施转型升级，形成融合基础设施。第三类是创新基础设施，是以重大科技基础设施、科教基础设施和产业技术创新基础设施为代表的用于支撑科学研究、技术开发、产品支持的带有一定公益性的基础设施。

第二，新的投资区域。新型基础设施建设需要依赖于先进的科学技术，需要有一定的人力和物力的支持，因此，需要在人口密集的一二线城市优先发展，目前国家重点发展粤港澳大湾区、长三角一体化、京津冀等数字经济发达地区，这些地区的经济能有效地带动全国经济的发展，因此可以作为新型基础设施重点发展区域。可以看到，传统的基础设施建设投资重点在东部发达地区，东部发达地区城市已经实现了城市农村的高度一体化发展。而中西部地区的城市和农村基础设施建设呈断崖式发展，形成了明显的东、中、西分异的格局。此次新型基础设施建设重点强化中西部地区的通道，大力发展中西部地区的高速公路、高铁、城市轨道交通，尤其是云南、河南、宁夏等中西部欠发达地区，通过新型基础设施建设打通东、中、西部的建设壁垒，加速中西部城乡一体化进程，缩小东、中、西部地区差异。

第三，新的投资主体。传统基础设施具有投资规模大、资金回收周期长、公益性突出的特点，它的投资主体主要以国家相关政府部门为主。和传统基础设施不同，新型基础设施建设科技化程度较高，既需要得到国家公共财政的支持，也需要得到社会各类企业和市场主体的参与和投资。事实上，阿里、腾讯、华为、百度等企业已经大力投入新型基础设施建设（百度领衔发展人工智能新基建、阿里巴巴重点发展数字新基建、腾讯以产业互联网为中心、华为重点发展 5G 领域）。政府、市场和企业应相互配合，政府为企业提供更多财税、金融等方面的支持，放开民营企业的参与度，消除不合理的准入条件，改善民间资本传统基础设施投资占比较少的情况，通过市场的调节作用，提高政府和企业的投资效率。

第四，新的投资风险。传统基础设施建设技术含量不高，最大的投资风险是资金补助和债务的增加，而新型基础设施建设涉及了先进科学技术，将 5G 与物联网、人工智能、大数据、云计算、工业互联网等领域深度融合，如若相应的应用技术、场景等软实力跟不上硬件的生产步伐，使用效率降低，将为新型基础设施投资建设带来巨大的投资风险。因此，为了降低新型基础设施的投融资风险，应保证其与对应的项目风险相一致。如，对于资金来源风险较低的，可以用于投资建设城际高速铁路和城际轨道交通等融合性的基础设施；对于高风险领域（如：人工智能、量子计算等），则需要将决策交给市场和企业，实现风险与收益的匹配。

第五，新的就业带动。新型基础设施建设不像传统的基础设施建设能带来较多的劳动密集型就业岗位，由于新型基础设施的特殊性，更需要的是科技型人才，因此新型基础设施建设不会提供大量的劳动型就业岗位，但是会推动社会经济产业由劳动密集型向科技密集型转移，加大对高素质、高技能型人才的需求。同时，新基建为兼职就业提供了很好的机会，由于在数字经济模式下，大部分就业依托于互联网，工作内容、工作方式、工作地点可以更加自由的选择，由此为人们提供了大量的兼职就业的岗位。

9.3.2.3 新型基础设施投资建设的内容

新型基础设施建设投资主要围绕以下七大领域展开：

第一，特高压。特高压是指 800 千伏以上直流电和 1000 千伏以上交流电的新兴电能产业，它被誉为电力界的"高速公路"。虽然中国的发电总量位居世界第一位，但是由于人口基数大，人均用电量远远低于发达国家水平，随着人们生活水平的提高和信息化时代的到来，用电需求逐渐扩大，加上中国大部分能源来源于煤炭、水能、风能，而这些能源均位于中国的西部地区和北部地区，用电量需求大量集中在中部和东部地区，迫切需要中国进一步开发新能源，以保证国内能源的供应。特高压建设将满足国内新兴产业电能的需求，具有远距离输电、损耗低、效率高的优点，有助于提高用电效率，减少因煤输电产生的环境污染垃圾，起到保护生态环境的作用。国家电网公开表示，2020 年特高压建设项目的投资规模将达到 1811 亿元，将推动装备制造业、技术服务业等领域快速发展，带动社会投资 3600 亿元，整体规模近 5411 亿元。

第二，5G 基站建设。5G 基站是大数据和人工智能等相衔接的平台，为中国智能化、数字化、网络化转型升级提供底层支撑，将成为新一代信息技术基础设施的核心发展目标。5G 基站建设内容主要围绕四个方面展开：核心网、传输等基础设施网络设备的研发；机房、供电、铁塔、管线等升级、改造和储备；新型云化业务应用平台；工业互联网等新型先进制造网络基础设施建设。5G 使万物互联，将推动国家经济生产力的发展。2020 年根据中国三大运营商（中国移动、中国联通、中国电信）商报显示，中国电信和中国联通将在 2020 年上半年累计共建 5G 基站 15 万个，预计三大运营商全年建设超过 55 万个 5G 基站，预计至 2025 年，5G 基站建设将直接拉动基站投资约为 2.5 万亿元。

第三，大数据中心。大数据中心是依托于互联网平台，利用数据进行存储、分析的应用服务平台。大数据中心基础设施建设主要包括电脑机房、生产管理等数据中心基础配套设施；以数据中心为支撑的光纤、IDC 服务等基础设施；车辆、卫星等大数据研发设施建设等。根据工信部数据，2019 年大数据中心市场规模将达到 1562.5 亿元，至 2025 年，累计投资规模将达到 1.9 万亿元。

第四，人工智能。作为高端的数字化技术和装备，人工智能多用于制造业生产操作环节，在智能制造和智能服务上发挥了非常大的作用。人工智能的重点建设内容主要包括了 AI 芯片等底层硬件的建设；通用智能计算平台的搭建；智能感知处理、智能交互处理等基础研发中心建设；人工智能创新发展试验区建设。人工智能企业大多集中在行业解决方案、企业服务、机器人以及大健康行业，据《国家新一代人工智能创新发展试验区建设工作指引（国科发规〔2019〕298 号》预计到 2023 年，中国将建设 20 个左右的新一代人工智能创新发展试验区；并据亿欧智库预测，到 2025 年中国人工智能累计投资额将达到 1.04 万亿元。

第五，工业互联网。作为互联网技术（IT）、运营技术（OT）、通信技术（CT）的融合，工业互联网有望转变制造业企业的生产模式，推动数字工厂、数字制造的快速发展，是新型基础设施建设的重要组成部分。工业互联网以信息网络和大数据为中心，连接上下游企业，能实现企业之间的跨行业协同发展。重点建设内容主要是工业互联网的网络、平台建设。据《关于深化"互联网 + 先进制造业"发展工业互联网的指导意见》预计，到 2025 年，中国将形成 3～5 家具有国际竞争力的工业互联网平台，实现百万工业应用程序培育以及百万企业上云，并据亿欧智库预测，到 2025 年工业互联网的累计投资规模将达到 32.32 万亿元。

第六，新能源汽车充电桩。新能源汽车是中国实现由汽车大国到汽车强国转变的重要因素，是推进制造强国和网络强国的重要支撑和载体。作为国民经济的重要产业，汽车成了国家的重要竞争力指标。随着智能化、网络化的发展，新能源汽车成为中国国民经济发展的新前景。作为新能源汽车的重要基础设施，新能源汽车充电桩的数量和质量限制了新能源汽车的发展。据《电动汽车充电基础设施发展指南（2015—2020 年）》，截至 2019 年，中国已建成公用电动汽车充电桩 53 万台、私人充电桩达 71.2 万台，随着全国电动汽车拥有量的增加，远远不能满足需求，新能源汽车充电桩市场有很大的提升空间，到 2025 年，全国将建成超过 3.6 万座充换电站，全国车桩比达到 1:1，并据亿欧智库预测，到 2025 年新能源汽车充电桩将累计投资总额达到 1491.36 亿元。

第七，城际高铁和城市轨道交通。城际高铁是在人口稠密的城市群或都市圈中，规划和修建的高速铁路客运专线运输系统，主要运营于城市群或城市带；城市轨道交通则是以城际运输为主的轨道交通客运系统，成为城市绿色出行、创建智慧城市、缓解拥堵的重要交通工具。2019 年国家发改委提出《关于培育发展现代化都市圈的指导意见》要求，打造 1 小时通勤圈促进都市圈内同城化。新型基础设施建设的提出使得城际高铁和城市轨道交通建设加快审批速度、提高了投资强度。相关数据显示，2020 年城际高铁和城市轨道交通拟通车线路 14 条，其中专线 250 和专线 350 各 7 条，通车里程有望达到 3696 公里。并据亿欧智库预测，到 2025 年城际轨道交通将累计投资总额达到 6 万亿元。

9.3.2.4 新型基础设施建设投资带动效应

新基建是新兴产业和未来科技的基础设施建设，是创新驱动，而不是简单的投资拉动，能以科技创新创造新需求，产生新的业态和新经济。

截止至 2019 年，全国新基建相关企业共有 3157 家上市企业，32519 家高新技术企业[①]。新基建通过上下游联动效应，将进一步带动制造业和服务业的新一轮发展，未来有巨大的发展空间，将为七大领域全产业链形成极强的带动效应。

对于特高压产业链，从主体来看主要涉及电源端、变电端和用户端的相关产业；从类型来看特高压分为直流特高压和交流特高压。直流特高压涉及的关键设备包括了换流阀、控制保护、直流场设备、互感器、直流断路器、高压抗电器、电容器、高压组合电器、断路器、避雷器等；交流特高压涉及的关键设备包括了组合型电器、特高压变电器、特高压电抗器、SSokv 组合电器、互感器等。特高压主要定位于中国西南大水电基地、西北大煤电基地等超远距离、超大容量外送输电工程，将带动中国西南、西北地区装备制造、技术服务、建设安装等领域业绩增长，推动电力互联网、配电网等智能网络快速发展。

对于 5G 基站产业链，由上游基站升级、中游网络建设、下游产品应用及终端产品应用场景构成，包括器件原材料、基站天线、小微基站、通信网络设备、光纤光缆、光模块、系统集成与服务商、运营商等。5G 基站建设又包含了无线端和有线端，涉及的企业较多，如：涉及芯片的企业就有华为、高通、三星、英特尔等；与基站配套设备相关的企业有中国铁塔、数知科技、北讯集团、通宇通讯、盛路通信等；与光纤光缆相关的企业就有中天科技、长飞光纤、通鼎

---

① 数据来源：亿欧智库。

互联、亨通光电、特发信息等；涉及的主设备商包括世纪鼎利、邦讯技术、三维通信、中兴通讯、宜通世纪、中富通等；以及中国三大运营商对 5G 基站的建设。在 5G 的带动引领下，产业数字化的步伐在加快，不少制造业向高技术服务领域拓展，将推动智慧交通、智慧医疗、智慧教育、智能电网、文娱应用、物联网平台和工业互联网等的快速发展。

对于大数据产业链，由上游基础设施及硬件设备商，中游运营服务及解决方案提供商，下游数据流量用户组成。每一个大数据中心，都是一个巨大的工程，需要投入大量的人力和物力。大数据中心主要涉及数据库、区块链、数字货币、IT 设备、云计算的相关运用，预计到 2025 年 IT 设备投资将达到 7070.9 亿元[①]。其中，以 IT 基础设施为主的企业包含了华为、中兴通讯、用友、深信服、联想等企业；以数据采集为主的企业包含了阿里巴巴、腾讯、华为、字节跳动、美团、京东等龙头企业；以数据整合分析为主的企业包含了用友、科大讯飞、浪潮信息、广联达、金蝶等；以数据安全为主的企业包含了三六零、启明星程、绿盟科技、美亚柏科等；以服务器为主的企业有浪潮信息、紫光股份、新华三、广达电脑、华硕等；以 IDC 为主的企业主要有中国三大运营巨头（中国电信、中国联通、中国移动）、万国数据、有孚网络、世纪互联等；以大数据存储为主的企业主要有华为、紫光股份、浪潮信息、光环新网、深科技、易华录等。大数据中心和金融、交通、媒体、电信、医疗等行业，能够创造更多的信息消费市场，为经济增长提供更多动能，也能为中国在国际数字经济竞争中积累力量、提高竞争力。

对于人工智能产业链，主要包括三层：基础层、技术层、应用层。其中基础层是人工智能产业的基础，主要是研发硬件及软件，例如 AI 芯片、传感器、计算能力平台等，为人工智能提供数据及算力支持，主要涉及的企业有华为、地平线、云知声、海云数据、云测、百度、阿里巴巴、腾讯等。技术层是人工智能产业的核心，以模拟人的智能相关特征为出发点，构建技术路径，主要包含了自然语言处理技术、云平台技术、计算机视觉、虚拟助手等，主要涉及的企业除了基础层涉及的企业，还有中科创达、汉王科技、搜狗搜索、中科汇联

[①] 赛迪顾问，前瞻产业研究院整理。

等企业。应用层是人工智能产业的延展，专门为某些特定场景提供应用，目前人工智能与金融、医疗、安防、零售、教育、文旅、交通、工业、企业服务等多方应用连接起来，涉及多个行业，将推动这些行业的发展，人工智能产业将成为国民经济的新增长点。

对于工业互联网产业链，上游产业主要涉及硬件设备，以提供平台所需要的智能硬件设备和软件，主要有传感器、控制器、工业芯片、智能机床和工业机器人等。中游产业为互联网平台，从架构上分为边缘层、平台层（包含了IaaS和工业PaaS）和应用层。其中，边缘层主要负责数据采集、协议解析和边缘智能；IaaS主要涉及云基础设施和网络基础设施建设、工业PaaS主要涉及工业应用开发平台、设备管理平台、连接管理平台、工业大数据分析平台的建立；应用层主要涉及符合工业、政府、企业、家庭需求的各种物联网生态系统应用软件。工业互联网是制造业和互联网融合的平台，对于平台层主要涉及的企业有三一重工、海尔智家、工业富联、东方国信、阿里巴巴、腾讯等；网络层有中国联通、网宿科技、东土科技、映翰通、中观软件等企业；生产设备商有华工科技、耐威科技、瑞创微纳、高德红外、精测电子、博众精工、世纪鼎力、汇川技术、埃斯顿、华中数控、秦川机床、上海机电、中大力德等众多企业。工业互联网与制造、能源、交通、建筑、农业等实体经济实现了各个领域的融合，加速了行业数字化转型升级进程。据中国工业互联网研究院测算，2019年，工业互联网带动第一产业、第二产业、第三产业的增加值规模分别达到了0.049万亿元、1.775万亿元、1.585万亿元。工业互联网建设将推动工业数据高质量发展，助推产业链数字化升级。

对于新能源汽车充电桩产业链，上游为设备生产商、中游为充电运营商、下游为整体解决方案商。新能源的汽车充电桩上游行业主要为充电桩的生产和建设提供材料和技术支撑，以生产SMC复合材料、线缆材料、铝合金材料等原材料厂商和壳体、底座、插座等零部件生产厂商等为主，代表性的企业有科士达、中恒、通合科技、英飞源、英可瑞、动力源、盛弘、中航光电、松下、西门子、等企业。中游行业主要由充电桩运营商、充电站运营商、平台运营商三部分组成，代表性的国有企业主要有国家电网、南方电网和中国普天，涉及的民营企业有特来电、星星充电、聚电、北汽新能源、比亚迪和特斯拉。下游行业以为充电桩建设提供整体布局解决方案的供应商为主，涉及的企业主要有易事特、万马股份和奥特迅等企业。新能源汽车充电桩是新能源汽车必不可少的配套设备，国家大力推进其建设将为汽车制造业、电力供应、充电站设备制造业带来巨大机遇，推动制造业行业的发展。

对于城际高铁和城市轨道交通产业链，上游产业以设计咨询、路线规划、地理位置的勘测为主，并结合装备的原材料制造商为主；中游产业主要为建筑施工和装备制造，包括了站前工程（隧道、桥梁、路基的建设、轨道系统的构建和施工设备的准备）、站后工程（牵引供电系统、信号系统、通信系统和信息化系统）、整车的采购（车辆系统和车辆配件）；下游产业以相关设备的运营与维护为主，主要包括了行车组织管理、票务管理、客运组织管理、乘务组织管理和应急管理，除此之外，下游产业还包含了相关应用和相关商业、培训、工程性的增值服务。城际高铁和城市轨道交通上游企业主要有两部分，一部分是勘察设计企业，一部分是原材料建筑企业，随着项目的增加，这两类企业将保持巨大的市场需求。中游行业涉及的装备制造业是国家重点支持和发展的产业领域，市场化竞争激烈。从中国装备制造业发展特点来看，具有明显的区位优势，主要位于中国高校、科研院所多，装备制造业基础好的地区，具有产业集群特点。分别有中车长春轨道客车股份有限公司、唐山丰润区轨道交通装备区、青岛城阳轨道交通装备产业园、中车株洲电力机车研究所、中车株洲电力机车公司、中车南京浦镇车辆公司等。下游行业以城际轨道交通运营行业为主，其细分领域又包含了系统集成领域、独立设备领域、辅助设备领域。随着中国城际轨道交通的建设里程得到快速的增长，为城际轨道交通运营维修等服务提供了广阔的增长空间。

与传统城市基础设施相比，新型基础设施在技术方面更具有规模效应和自然垄断性质，在某些发达的都市圈和城市群建设就可以满足全国大规模的需求，通过市场带动新基建，新基建将推动投资，加大技术进步，中国将有望构建产学研共享共创的新基建生态共同体。

参考文献

[1] 世界银行. 1994 年发展报告 [M]. 北京：中国财经出版社，1994：2.

[2] 李平，王春晖，于国才. 基础设施与经济发展的文献综述 [J]. 世界经济，2011(5)：93-116.

[3] 李忠富，李玉龙. 基于 DEA 方法的中国基础设施投资绩效评价：2003—2007 年实证分析 [J]. 系统管理学报，2009，18(3)：309-315.

[4] 王平，王春晖，于国才. 基础设施与经济发展的文献综述 [J]. 世界经济，2011，5：93-116.

[5] 金凤君. 基础设施与区域经济发展环境 [J]. 中国人口·资源与环境，2004，14(4)：70-74.

[6] 孙学涛，李岩，王振华. 高铁建设与城市经济发展：产业异质性与空间溢出效应 [J]. 山西财经大学学报，2020，42（2）：58-71.

[7] 赵康杰，吴亚君. 高铁网络与经济网络演进特征及协同关系研究——以中国省域中心城市为例 [J]. 华东经济管理，2020，34(2)：77-85.

[8] 杨帆，韩传峰. 中国交通基础设施与经济增长的关系实证 [J]. 中国人口·资源与环境，2011，21(10)：147-152.

[9] 张浩然，衣保中. 基础设施、空间溢出与区域全要素生产率 [J]. 经济学家，2012，2：61-67.

[10] 罗良文，潘雅茹，陈峥. 基础设施投资与中国全要素生产率 [J]. 中南财经政法大学学报，2016，214：30-38.

[11] 刘晓光，张勋，方全文. 基础设施的城乡分配效应 [J]. 世界经济，2015，3：145-170.

[12] 徐学明，王仕杰，陈艳艳，刘小明. 公路基础设施与经济增长关系研究 [J]. 公路，2019，（12）：189-193.

[13] Guo J，Guo J，Xia J．Econometrical investigation on

infrastructure investment and economic development in China: a case study using vector autoregression approach[J]. *KSCE Journal of Civil Engineering*, 2011, 15(3): 561-567.

[14] 刘修岩. 集聚经济、公共基础设施与劳动生产率 [J]. 财经研究, 2010, 36(5): 91-101.

[15] 牛婷, 赵守国. 中国城市环境基础设施建设投资与经济增长之间关系的实证研究 [J]. 城市发展研究, 2010, 17(6): 4-7.

[16] 史雅娟, 朱永彬, 黄金川. 北京市基础设施与经济社会发展关系 [J]. 地理科学进展, 2016, 35(4): 450-461.

[17] 赵维, 邓富华, 霍伟东. "一带一路" 沿线国家互联网基础设施的贸易效应 —— 基于贸易成本和全要素生产率的中介效应分析 [J]. 重庆大学学报（社会科学版）Doi:10.11835/j.issn.1008-5831.jg.2019.12.005.

[18] 张世琪, 郭健全. "一带一路" 沿线国家交通基础设施质量、物流绩效对中国经济增长的影响 [J]. 沈阳工业大学学报（社会科学版）, http://kns.cnki.net/kcms/detail/21.1558.c.20200117.0847.014.html

[19] 白丽飞, 李艳佳, 张佳强. 经济发展与交通基础设施建设二者间的关系研究 —— 以 "一带一路" 沿线中国西北五省为例 [J]. 交通发展改革专题, 2019, 41 (12): 34-39.

[20] 蒙英华, 裴瑱. 基础设施对服务出口品质的影响研究 [J]. 世界经济研究, 2013, 12: 32-38.

[21] 盛丹, 包群, 王永进. 基础设施对中国企业出口行为的影响 —— "集约边际" 还是 "扩展边际"[J]. 世界经济, 2011, 1: 17-36.

[22] 张光南, 朱宏佳, 李广汉. 基础设施对中国制造业企业生产成本和投入要素的影响 [J]. 2010, 27(6): 46-57.

[23]Mamatzakis E C. EU infrastructure investment and productivity in Greek manufacturing [J].*Journal of Policy Modeling*, 2007, 29 (2): 335-344.

[24]Herranz-Lonca'n A. Infrastructure investment and Spanish economic growth, 1850‐1935 [J].*Explorations in Economic History*, 2007, 44 (3): 452-468.

[25] 滕敏敏, 韩传峰, 刘兴华. 中国大型基础设施项目社会影响评价指标体系构建 [J]. 中国人口·资源与环境, 2014, 24(9): 170-176.

[26]Cobbinah P B, Erdiaw-Kwasie M O, Amoateng P. Rethinking sustainable development within the framework of poverty and urbanization in developing countries[J].*Environmental Development*, 2015, 13: 18-32.

[27] 邓明. 中国城市交通基础设施与就业密度的关系 [J]. 经济管理, 2014, 36(1): 163-174.

[28] 郑振雄. 公路基础设施的就业效应实证分析 —— 基于省际动态面板模型 [J]. 人口与经济, 2011, (2): 28-32.

[29]Fay M, Leipziger D, Wodon Q, Yepes T. Achieving child-health-related millennium development goals: the role of infrastructure[J]. *World development*, 2005, 33(8): 1267 - 1284.

[30]Ravallion M. "Achieving child-health-related millennium development goals: the role of infrastructure" —a comment[J].*World Development*, 2007, 35(5): 920-928.

[31]Bouabid A, Louis G E. Capacity factor analysis for evaluating water and sanitation infrastructure choices for developing communities[J].*Journal of Environmental Management*, 2015, 161: 335-343.

[32]Parikh P, Fu K, Parikh H, et al. Infrastructure provision, gender, and poverty in indian slums[J].*World Development*, 2015, 66: 468-486.

[33]Tasic I, Porter R J. Modeling spatial relationships between multimodal transportation infrastructure and traffic safety outcomes in urban environments[J].*Safety Science*, 2016, 82: 325-337.

[34] 张鹏, 张建, 裴晓强. 关于提高城市环境基础设施综合效益的思考 [J]. 环境保护科学, 2007, 33(5): 55-57.

[35] 刘惠敏. 大型基础设施对地缘区人居环境的影响研究 [J]. 中国人口·资源与环境, 2011, 21(1): 139-145.

[36] 刘蕴芳，龙颖贤，蒋松华，周丽璇. 粤港澳大湾区重大环保基础设施一体化发展战略研究 [J]. 环境保护，2019，47（23）：35-41.

[37] 俞孔坚，韩西丽，朱强. 解决城市生态环境问题的生态基础设施途径 [J]. 自然资源学报，2007，22(5)：808-816.

[38]Wang Y, Bakker F, de Groot R, et al. Effect of ecosystem services provided by urban green infrastructure on indoor environment: A literature review[J].*Building and Environment*，2014，77: 88-100.

[39]Thornes J, Bloss W, Bouzarovski S, et al. Communicating the value of atmospheric services[J].*Meteorological Application*，2010，17(2)：243-250.

[40]Akbari H. Shade trees reduce building energy use and CO_2 emissions from power plants[J].*Environmental Pollution*，2002，116: S119-S126.

[41]Tzoulas K, Korpela K, Venn S, et al. Promoting ecosystem and human health in urban areas using Green Infrastructure: A literature review[J].*Landscape and Urban Planning*，2007，81(3)：167-178.

[42]González-Oreja J A, Bonache-Regidor C, De La Fuente-Díaz-Ordaz A A. Far from the noisy world? Modelling the relationships between park size, tree cover and noise levels in urban green spaces of the city of Puebla, Mexico[J].*Interciencia*，2010，35(7)：486-492.

[43]Shashua-Bar L, Hoffman M E. The Green CTTC model for predicting the air temperature in small urban wooded sites[J]. Building and Environment，2002，37（12）：1279-1288.

[44]Mangone G. Constructing hybrid infrastructure: Exploring the potential ecological, social, and economic benefits of integrating municipal infrastructure into constructed environments[J].*Cities*，2016，55: 165-179.

[45] 孙钰，黄慧霞，姚晓东等. 基于综合效益最优的水务设施资金分配 [J]. 系统工程，2015，33(11)：89-93.

[46] 李香花，王孟钧．基于模糊群体多属性的项目融资决策模型 [J]．计算机应用研究，2011，28(11)：4228-4231．

[47] 万俊，邢焕革，张晓晖．基于熵理论的多属性群决策专家权重的调整算法 [J]．控制与决策，2010，25(6)：907-910．

[48] 戚筱雯，梁昌勇，张恩桥等．基于熵最大化的区间直觉模糊多属性群决策方法 [J]．系统工程理论与实践，2011，31(10)：1940-1948．

[49] 韩二东．不确定语言及直觉模糊信息的多属性群决策方法研究 [D]．西安：西北工业大学，2016．

[50] 张茂军，南江霞，李登峰等．带有三角直觉模糊数的多属性决策的TOPSIS[J]．运筹与管理，2012，21(5)：96-101．

[51] 陈晓红，李喜华．基于直觉梯形模糊TOPSIS 的多属性群决策方法 [J]．控制与决策，2013，28(9)：1377-1381+1388．

[52] 肖子涵，耿秀丽，徐士东．基于云模型的不确定性大群体多属性决策方法 [J]．计算机工程与应用，2018，54 (11)：254-259．

[53] 庄文英．大型央企集团投资项目动态群体决策及应用研究 [D]．北京：北京邮电大学经济管理学院，2018．

[54] 徐选华，陈晓红．基于矢量空间的群体聚类方法研究 [J]．系统工程与电子技术，2005，27 (6)：1034-1037．

[55] 徐选华，范永峰．改进的蚁群聚类算法及在多属性大群体决策中的应用 [J]．系统工程与电子技术，2011，31(2)：346-349．

[56] 徐选华，周声海，周艳菊等．基于乘法偏好关系的群一致性偏差熵多属性决策方法 [J]．控制与决策，2014，29(2)：257-262．

[57] 徐选华，吴慧迪．基于改进云模型的语言偏好信息多属性大群体决策方法 [J]．管理工程学报，2018，32 (1)：117-125．

[58] 燕蜻，梁吉业．混合多属性群决策中的群体一致性分析方法 [J]．中国管理科学，2011，19(6)：133-140．

[59]Markowitz H. Portfolio selection[J].*Journal of finance*，1952，7(1)：77-91．

[60]Deng GF, LinWT, LoCC.Markowitz-based portfolio selection with cardinality constraints using improved particle swarm optimization

[J].*Expert Systems with Applications*，2012，39（4）：4558-4566.

[61]Calafiore G C. Multi-period portfolio optimization with linear control policies[J]. *Automatica, 2008*，44（10）：2463-2473.

[62]Sun J, Fang W, Wu X J, et al. Solving the multi-stage portfolio optimization problem with a novel particle swarm optimization[J].*Expert Systems with Applications*，2011，38(6)：6727-6735.

[63]Zadeh L A. Fuzzy Sets[J]. Information and Control，1965，8(3)：338-353.

[64] 刘洋，徐信忠，庄新田. 基于随机模糊投资乘数的离散CPPI资产配置研究 [J]. 运筹与管理，2012，21(4)：179-188.

[65]Liu S T. A fuzzy modeling for fuzzy portfolio optimization[J]. Expert Systems with Applications，2011，38（11）：13803-13809.

[66]Ammar E, Khalifa H A. Fuzzy portfolio optimization a quadratic programming approach[J].*Chaos, Solitons and Fractals*，2003，18（5）：1045-1054.

[67]Parra M A, Terol A B, Rodríguez Uría M V. A fuzzy goal programming approach to portfolio selection[J].*European Journal of Operational Research*，2001，133（2）：287-297.

[68]Liu S-T. The mean-absolute deviation portfolio selection problem with interval-valued returns[J].*Journal of Computational and Applied Mathematics*，2011，235：4149-4157.

[69]Bianchi R J, Bornholt G, Drew M E, et al. Long-term U.S. infrastructure returns and portfolio selection [J].*Journal of Banking & Finance*，2014，42：314-325.

[70] 董军,马博. 考虑社会效益的电网投资组合模型研究 [J]. 运筹与管理，2010，19(4)：131-135.

[71] 孙钰，黄慧霞，姚鹏等. 模糊环境下的城市公共基础设施投资评价研究 [J]. 中国人口·资源与环境，2016，26(8)：142-147.

[72]Han X, Xue. X, Ge J, et al. Measuring the productivity

of energy consumption of major industries in China: a DEA-based method[J].*Mathematical Problems in Engineering*，2014，2014:1-12.

[73]Huang J, Chen J, Yin Z. A network DEA model with supper efficiency and undesirable outputs: an application to bank efficiency in China[J].*Mathematical Problems in Engineering*，2014，2014: 1-14.

[74]Yang J P, Gao L. DEA's CCR model for evaluation of urban infrastructure investment efficiency of Shaanxi province[J].*Applied Mechanics and Materials*，2014，685: 424-428.

[75]刘亚伟 . 基于 DEA 方法的区域基础设施投资效益评价 [J]. 现代商贸工业，2019，33：19-21.

[76] 叶堃晖，高艳 . 基于虚拟前沿面 DEA 模型的省际交通基础设施运行效率分析 [J]. 项目管理技术，2019，17（8）：72-76.

[77]Fancello G, Uccheddu B, Fadda P. Data envelopment analysis (D. E. A.) for urban road system performance assessment[J]. *Procedia - Social and Behavioral Sciences*，2014，111: 780-789.

[78] 王俊能，许振成，胡习帮等 . 基于 DEA 理论的中国区域环境效率分析 [J]. 中国环境科学，2010，30(4)：565-570.

[79] 韩学键，元野，王晓博等 . 基于 DEA 的资源型城市竞争力评价研究 [J] . 中国软科学，2013，6：127-133.

[80]El-Mashaleh M S, Rababeh S M, Hyari K H. Utilizing data envelopment analysis to benchmark safety performance of construction contractors[J].*International Journal of Project Management*，2010，28(1): 61-67.

[81]Toloo M. Selecting and full ranking suppliers with imprecise method:A new DEA data[J].*The International Journal of Advanced Manufacturing Technology*，2014，74(5): 1141-1148.

[82] 梁樑，吴杰 . 数据包络分析（DEA）的交叉效率研究进展与展望 [J] . 中国科学技术大学学报，2013，43(11)：941-947.

[83]Sexton T R, Silkman R H, Hogan A J.*Data envelopment analysis: Critique and extension*[M] In: Silkman R H. (Ed.),

Measuring Efficiency: An Assessment of Data Envelopment Analysis. Jossey-Bass, San Francisco, 1986, 32: 73-105.

[84]Doyle J, Green R. Efficiency and cross-efficiency in DEA: derivations, meanings and uses[J]. *The Journal of the Operational Research Society*, 1994, 45(5): 567-578.

[85] 孙钰, 王坤严, 姚晓东. 基于 DEA 交叉效率模型的城市公共基础设施经济效益评价 [J]. 中国软科学, 2015, 1: 172-183.

[86] 许建伟, 许新宇, 陈兴鹏等. 基于 DEA 交叉模型的甘肃省城市效率评价 [J]. 自然资源学报, 2013, 28(4): 619-624.

[87] 蔡晓春, 潘姣丽. 基于 DEA 交叉评价的中国省际能源效率研究 [J]. 湖南大学学报（自然科学版）, 2013, 40(7): 104-108.

[88] 崔玉泉, 张宪, 卢希等. 随机加权交叉效率下的资源分配问题研究 [J]. 中国管理科学, 2015, 23(1): 121-127.

[89]Liang L, Wu J, Cook W D, et al. The DEA game cross-efficiency model and its Nash equilibrium[J]. *Operations Research*, 2008, 56(5): 1278-1288.

[90] 杨锋, 夏琼, 梁樑. 同时考虑决策单元竞争与合作关系的 DEA 交叉效率评价方法 [J]. 系统工程理论与实践, 2011, 31(1): 92-98.

[91]Wu J, Liang L, Chen Y. DEA game cross-efficiency approach to Olympic rankings[J]. *Omega*, 2009, 37(4): 909-918.

[92]Ma R, Yao L, Jin M, et al. The DEA game cross-efficiency model for supplier selection problem under competition[J]. *Applied Mathematics & Information Sciences*, 2014, 8(2): 811-818.

[93]Ma C, Liu D, Zhou Z, et al. Game cross efficiency for systems with two-Stage structures[J]. *Journal of Applied Mathematics*, 2014, 2014: 1-8.

[94]Naini S G J, Moini A, Rezaee M J. Nash bargaining game model for two parallel stages process evaluation with shared inputs[J]. *The International Journal of Advanced Manufacturing Technology*, 2013, 67(1): 475-484.

[95]吴华清，梁樑，杨锋等．一类基于投诉约束的资源配置 DEA 博弈模型[J]．系统工程，2009，27(10)：104-107.

[96]张启平，刘业政，李勇军．考虑受益性的固定成本分摊 DEA 纳什讨价还价模型[J]．系统工程理论与实践，2014，34(3)：756-768.

[97]王美强，李勇军．输入输出具有模糊数的供应商评价——基于 DEA 博弈交叉效率方法[J]．工业工程与管理，2015，20(1)：95-99.

[98]Kahneman D, Tversky A. Prospect theory: an analysis of decision under risk[J]. *Econometrica*, 1979, 47(2): 263-291.

[99]王佳，金秀．多阶段损失厌恶投资组合优化模型与实证研究[J]．系统管理学报，2015,24(5)：711-716+726.

[100]金秀，王佳，高莹．基于动态损失厌恶投资组合模型的最优资产配置与实证研究[J]．中国管理科学，2014，22(5)：16-23.

[101]王佳，金秀，苑莹，王旭．基于损失厌恶和模糊厌恶的分布鲁棒投资组合模型[J]．系统工程理论与实践，2016，36(2)：288-296.

[102]胡支军，叶丹．基于损失厌恶的非线性投资组合问题[J]．中国管理科学，2010，18(4)：28-33.

[103]詹泽雄，吴宗法，程国雄．基于动态非线性损失厌恶的投资组合优化与实证研究[J]．运筹与管理，2017，26(10)：137-147.

[104]米辉，张曙光．财富约束条件下损失厌恶投资者的动态投资组合选择[J]．系统工程理论与实践，2013，33(5)：1108-1115.

[105]张茂军，南江霞，袁功林等．基于损失厌恶的基金管理者的投资决策模型[J]．管理工程学报，2014，28(4)：118-124.

[106]孙春花，李腊生．损失厌恶偏好与资产组合选择研究[J]．数学的实践与认识，2014，44(3)：21-30.

[107]张小涛，潘琪，李悦雷．基于资产配置的损失厌恶效用参数研究[J]．管理科学学报，2016，19(5)：56-67.

[108]潘雅茹，罗良文．廉洁度、基础设施投资与中国经济包容性增长[J]．中南财经政法大学学报，2020，(1)：86-97.

[109]刘立峰．2019 年基础设施投资怎么办？[J]．中国经贸导刊，2019，(4)：30-32.

[110] 孙晓光．城市基础设施建设及其投融资研究 [D]．天津：天津大学管理学院，2004.

[111] 王任飞，王进杰．基础设施与中国经济增长：基于VAR方法的研究 [J]．世界经济，2007，3：13-21.

[112] 魁奈．魁奈经济著作选集 [M]．吴斐丹，张草纫，译．北京：商务印书馆．2011：1-5.

[113] 亚当·斯密．国民财富的性质和原因的研究 [M]．孙雨，译．北京：中国社会出版社．1999：234-240.

[114] 艾伯特·赫希曼．经济发展战略 [M]．曹征海，潘照东，译．北京：经济科学出版社．1991：43-54.

[115] 钱家骏，毛立本．要重视国民经济基础结构的研究和改善 [J]．经济管理，1981，3：12-15.

[116] 刘景林．论基础结构 [J]．中国社会科学，1983，1：73-87.

[117] 刘歧．城市基础设施是制约城市发展的重要因素 [J]．城市规划，1983，1：18-19.

[118] 城市基础设施建设与管理课题组．城市基础设施 [M]．北京：燕山出版社，1986：20-21.

[119] 林森木，叶维钧，刘岐．城市基础设施管理 [M]．北京：经济管理出版社，1987：14-15.

[120] 建设部．城市规划基本术语标准 GB/T 50280-98 [S]．1998.

[121] 郜建人．城市基础设施的市场化运营机制研究 [D]．重庆：重庆大学建设管理与房地产学院，2004.

[122] 鞠晴江．基础设施与区域经济发展 [D]．成都：四川大学经济学院，2006.

[123] 刘太刚．公共物品理论的反思 —— 兼论需求溢出理论下的民生政策思路 [J]．中国行政管理，2011，9：22-27.

[124] 阮守武．公共选择理论及其应用选择 [D]．合肥：中国科学技术大学管理学院，2007.

[125] 孔志国．公共选择理论：理解、修正与反思 [J]．制度经济学研究，2008(1)：204-218.

[126] 丹尼斯·缪勒. 公共选择 [M]. 王诚，译. 北京：商务印书馆. 1992：13.

[127] 张建. 布坎南与经济选择理论 [J]. 1991，2：70-75.

[128]Allais M. Le comportment de I'homme rationnel devant le risque: Critique des postulats etaxiomes de I'ecole Americaine [J]. *Econometrica*，1953，21(4)：503-546. https://doi.org/10.2307/1907921.

[129]Ellsberg D. Risk, ambiguity, and the Savage axioms [J], *Quarterly Journal of Economics*，1961，75(4)：643-669.

[130]Edwards W. Behavioral decision theory [J]. *Annual Review of Psychology*，1961，12(2):473-498.

[131] 邵希娟，杨建梅. 行为决策及其理论发展的过程 [J]. 科技管理研究，2006，5：203-205.

[132]Savage L J. *the foundations of statistics*[M]. New York: Dover publication, 1954.

[133]Fishburn P C. *Utility theory for decision making*[M]. New York: Wiley publication, 1970.

[134]deFinetti. La prévision ses lios logique, ses sources subhectives[J]. *Annals de l' Institut Henri Poincaré*, 1937, 7:1-68. Translated by Kyburg. Studies in subjective probability. New York: Wiley, 1964:97-158.

[135]Simon H A. Theories of bounded rationality[J]. *Decision and Organization*，1972，3：161 -176.

[136] 中国社会科学院情报研究所. 科学学译文集 [M]. 北京：科学出版社，1980：325.

[137] 贝塔朗菲. 普通系统论的历史和现状 [C]. 科学学译文集，北京：中国社会科学情报研究所，科学出版社，1980：311.

[138] 黄时进. 论系统论在工程伦理研究中的应用 [J]. 系统科学学报，2007，15（3）：90-92+126.

[139] 朱富强. 博弈论 [M]. 北京：经济管理出版社，2013：48.

[140] 冯涛，常云昆. 微观经济学 [M]. 西安：陕西人民出版社，2001：

220-241.

[141] 杨军. 基础设施投资论 [M]. 北京：中国经济出版社，2003：87-110.

[142] 保罗·萨缪尔森，威廉·诺德豪斯. 经济学 [M]. 萧琛等，译. 北京：华夏出版社，1999：270-280.

[143] 沈满洪，何灵巧. 外部性的分类及外部性理论的演化 [J]. 浙江大学学报（人文社会科学版），2002，3(1)：152-160.

[144] 韩传峰，吴进林，韩迎春. 大型基础设施项目生态环境影响评价 [J]. 自然灾害学报，2004，13(2)：106-111.

[145] 韩传峰，陈建业. 大型基础设施项目群组决策的项目评价 [J]. 同济大学学报（自然科学版），2007，35(1)：133-137.

[146] 曾国安，尹燕飞. 中国城镇基础设施建设和利用效率的测度与评价 [J]. 中南财经政法大学学报，2012，5：3-8+142.

[147] 杜纲. 管理数学基础——理论与应用 [M]. 天津：天津大学出版社，2003，155-177.

[148]Guerra M L, Stefanini L. Approximate fuzzy arithmetic operations using monotonic interpolations[J].*Fuzzy Sets and Systems*，2005，150 (1)：5-33.

[149] 刘勇军. 多期模糊投资组合优化模型及算法研究 [D]. 广州：华南理工大学工商管理学院，2013.

[150]Carlsson C, Fulle´r R. On possibilistic mean value and variance of fuzzy numbers[J].*Fuzzy Sets and Systems*，2001，(122)：315-326.

[151]Fullèr R, Majlender P. On weighted possibilistic mean and variance of fuzzy numbers[J].*Fuzzy Sets and Systems*，2003，136 (3)：363-374.

[152]Tversky A, Kahneman D. Advances in prospect theory: cumulative representation of uncertainty[J].Journal of Risk and Uncertainty, 1992，5:297-323.

[153]Zhou C, Tang W, Zhao R. Optimal consumer search with

prospect utility in hybrid uncertain environment[J]. Journal of Uncertainty Analysis and Applications, 2015, 3(1): 1-20.

[154]Hajkowicz S. Cutting the cake: Supporting environment fund allocation decisions[J]. *Journal of Environment Management*, 2009, 90(8): 2737-2745.

[155]Yu J, Xu B, Yang H Z, and Shi Y. The strategic asset allocation optimization model of sovereign wealth funds based on maximum CRRA utility & minimum VAR[J]. *Procedia Computer Science*, 2012, 1 (1): 2433-2440.

[156]Fang L. A generalized DEA model for centralized resource allocation [J]. *European Journal of Operational Research*, 2013, 228(2): 405-412.

[157]Fan K, You W J, Li Y Y. An effective modified binary particle swarm optimization (mBPSO) algorithm for multi-objective resource allocation problem(MBPSO) [J]. *Applied Mathematics and Computation*, 2013, 221: 257-267.

[158]Zayed T, Mohamed E. Budget allocation and rehabilitation plans for water systems using simulation approach[J]. *Tunnelling and Underground Space Technology*, 2013, 36: 34-45.

[159] 邵东国, 徐建锋. 一种基于非线性多目标决策的防洪投资分配方法 [J]. 系统工程理论与实践, 2002, (4): 125-130.

[160] 王威, 韩阳, 苏经宇等. 基于遗传算法的震后恢复资金分配优化设计 [J]. 计算机工程与应用, 2007, 43(21): 199-201.

[161] 魏权龄, 赵迎迎. DEA 模型在资金分配和管理中的应用 [J]. 数学的实践与认识, 2011, 41(1): 64-70.

[162] 魏博. PPP 模式融资问题及路径优化 [J]. 经济研究导刊, 2019(07):81-82+93.

[163] 刘兴华. 城市基础设施系统效益贡献度评价 [J]. 中国人口·资源与环境, 2009, 16(3): 136-139.

[164] 王良, 冯涛. 多投资项目组合条件下的资金分配策略研究 [J]. 计

算机工程与应用，2009，45(31)：12-14.

[165] 徐选华，陈晓红. 基于矢量空间的群体聚类方法研究 [J]. 系统工程与电子技术，2005，27(6)：1034-1037.

[166] 徐选华，张丽媛，陈晓红等. 一种基于属性二元关系的大群体决策方法及运用 [J]. 中国管理科学，2012，20(5)：157-162.

[167]Shannon C E, Haken H. Application of the maximum information entropy principle to self organizing systems[J].*Condensed Matter*, 1985，61(3)：335-338.

[168] 吕锋，王虹，刘皓春. 信息理论与编码 [M]. 北京：人民邮电出版社，2010：25-27.

[169] 徐选华，陈晓红. 一种多属性多方案大群体决策方法研究 [J]. 系统工程学报，2008，23(2)：137-141.

[170]Ringuest J F. Lp-metric sensitivity analysis for single and multi-attribute decision analysis [J].*European Journal of Operation Research*，1997，98（3）:563-570.

[171]Triantaphyllou E, Sánchez A. A Sensitivity analysis approach for some deterministic multi-criteria decision [J]. *Decision Sciences*，1997，28(1)：151-194.

[172] 钱存华，张琳，戴彬，王加中. 三角模糊数的加权平均及其在评价决策中的应用 [J]. 运筹与管理，2005,14(2):5-9.

[173] 张慧，孙秀梅. 基于 AHP 模糊综合评价对低碳供应链绩效评价的研究 [J]. 山东理工大学学报（自然科学版），2016，30(1)：73-78.

[174] 郭鹏，施品贵. 项目风险模糊灰色综合评价方法研究 [J]. 西安理工大学学报，2005，21(1)：106-109.

[175] 王华，苏春海. 市政建设项目社会效益和环境效益经济评价的实例研究 [J]. 南京航空航天大学学报（社会科学版），2001，3(3)：28-32.

[176] 王建军，严宝洁. 公路建设项目的社会经济效益及评价方法 [J]. 交通标准化，2005，(11)：102-107.

[177] 苏世彬，黄瑞华. 基于三角模糊数的属性层次模型 [J]. 系统工程理论与实践，2006，(12)：115-119.

[178] 王春峰，杨建林，赵欣．具有典型交易成本的投资组合管理模型及其求解 [J]．系统工程理论与实践，2002，(10)：134-138.

[179]Yoshimoto A. The Mean-variance Approach to portfolio optimization Subject to transaction cost[J].Journal of the Operation Research Society of Japan, 1996, 39(1)：99-117.

[180] 刘剑锋．城市基础设施水平综合评价的理论和方法研究 [D]．北京：清华大学建筑学院，2007：162.

[181] 张光南，李小瑛，陈广汉．中国基础设施的就业、产出和投资效应—基于 1998—2006 年省际工业企业面板数据研究 [J]．管理世界，2010，(4)：5-31+186.

[182] 黄寿峰，王艺明．中国交通基础设施发展与经济增长的关系研究—基于非线性 Granger 因果检验 [J]．经济学家，2012.(6)：28-34.

[183] 杜士强，于德永．城市生态基础设施及其构建原则 [J]．生态学杂志，2010，29(8)：1646—1654.

[184]Liu Y, Zhou C, Zhang Y. Coordinate preference DEA method of software project risk assessment[C].*International Conference on Communication Systems and Network Technologies*, Rajkot, India, IEEE, 2012: 675-678.

[185]Cheng H, Zhang Y, Cai J, et al. A multiobjective programming method for ranking all units based on compensatory DEA model[J]. *Mathematical Problems in Engineering*, 2014, 2014:1-14.

[186]Bai C E, Qian Y. Infrastructure development in China: the cases of electricity, highways, and railways[J].*Journal of Comparative Economics*, 2010, 38(1)：34-51.

[187]Wang X, Duan Z, Wu L, et al. Estimation of carbon dioxide emission in highway construction: a case study in southwest region of China[J].*Journal of Cleaner Production*, 2015, 103: 705-714.

[188]Zayed T, Amer M, Pan J. Assessing risk and uncertainty inherent in Chinese highway projects using AHP[J].*International Journal of Project Management*, 2008, 26(4)：408-419.

[189]Xu Y, Sun C, Skibniewski M J, et al. System dynamics (SD)-based concession pricing model for PPP highway projects[J]. *International Journal of Project Management*，2012，30(2)：240-251.

[190]El-Sayegh S M, Mansour M H. Risk assessment and allocation in highway construction projects in the UAE[J].*Journal of Management in Engineering*， 2015，31(6):1-11.

[191]Antoniou F, Aretoulis G N, Konstantinidis D，et al. Selection criteria used for choice of contract type for major highway construction projects[J].*Procedia - Social and Behavioral Sciences*，2012，48: 3508-3517.

[192]Hanaoka S, Palapus H P. Reasonable concession period for build-operate-transfer-road projects in the Philippines[J]. *International Journal of Project Management*，2012，30(8)：938-949.

[193]Chen A, Subprasom K. Analysis of regulation and policy of private toll roads in a build-operate-transfer scheme under demand uncertainty[J].*Transportation Research Part A: Policy and Practice*，2007，41(6):537-558.

[194]Tan Z. Capacity and toll choice of an add-on toll road under various ownership regimes[J].*Transportation Research Part E: Logistics and Transportation Review*，2012，48(6)：1080-1092.

[195]Yang H, Meng Q.Highway pricing and capacity choice in a road network under a build-operate-transfer scheme[J]. *Transportation Research Part A: Policy and Practice*，2000，34(3):207-222.

[196]董飞跃.BOT 建设项目招标评标指标体系研究 [D]. 武汉：武汉理工大学土木工程与建筑学院，2013.

[197]常雅楠，王松江. 激励视角下的 PPP 项目利益分配 —— 以亚投行支撑中国企业投资 GMS 国家基础设施项目为例 [J]. 管理评论，2018,30(11):254-265.

[198]Hu J, Zhou E. Engineering risk management planning in energy performance contracting in China[J].*Systems Engineering Procedia*,

2011，1:195-205.

[199]Esmaeilzadeh A，Had-Vencheh A．A new method for complete ranking of DMUs[J]．*Optimization*．2015，64(5):1177-1193.

[200]Sun Y，Huang H，Zhou C．DEA game cross-efficiency model to urban public infrastructure investment comprehensive efficiency of China[J].*Mathematical Problems in Engineering*，2016，2016: 1-10.

[201]Antoniou F，Aretoulis G N，Konstantinidis D，et al. Complexity in the evaluation of contract types employed for the construction of highway projects[J].*Procedia - Social and Behavioral Sciences*，2013，74: 448-548.

[202]Shr J F，Chen W T．A method to determine minimum contract bids for incentive highway projects[J].*International Journal of Project Management*，2003，21(8): 601-615.

[203]Jaskowski P，Biruk S，Bucon R．Assessing contractor selection criteria weights with fuzzy AHP method application in group decision environment[J].*Automation in Construction*，2010，19(2): 120-126.

[204]Nieto-Morote A，Ruz-Vila F．A fuzzy multi-criteria decision-making model for construction contractor prequalification[J]. *Automation in Construction*，2012，25: 8-19.

[205] 钟学思．城市基础设施发展对新型城镇化建设的影响研究 [D]．武汉：中南财经政法大学，2018.

后 记

人生天地之间，若白驹过隙，忽然而已。在自认为永无尽头的写书过程中，曾无数次地想象本书完成时的心情，而今，在本书画上最后一个句号的时候，却不像想象中那么轻松和愉快，更多的是感慨和感激之情。

本书内容是在我博士论文的基础上进行的完善，离不开博士期间辛苦的写作。

读博期间，从迷茫、困惑到明确目标，到成果得到认可，到完成博士论文的写作，都离不开导师的鼓励和支持。首先，我要向我的导师孙钰教授表示崇高的敬意和衷心的感谢。生活上，孙老师给了我无私的关怀和帮助，减轻了我在繁忙而紧张的论文写作过程中的压力；学习上，孙老师对我悉心教导，时刻敦促我出高水平的学术论文。我每一篇学术论文的撰写都离不开孙老师的指导，孙老师对我论文的选题、初稿、定稿、投稿、期刊的选择都提出了宝贵的意见。也正是得到了导师的悉心指导，我才能顺利地完成博士学位论文的写作。从恩师的身上，我不仅学到了丰富的理论知识，她严谨的治学态度、谦虚和蔼的待人处事风格更成为我今后工作和学习的榜样。

感谢天津大学管理与经济学部的各位老师，感谢赵道致老师、马军海老师给我的帮助，在我论文写作中遇到疑问和困难时，是他们给我提供帮助，打开我的研究思路，丰富我的研究视角。

感谢我的同门兄弟姐妹李新刚、王坤严、陶志梅、崔寅、邢彦、李向春等在我读博期间给予我的帮助和支持。感谢周驰学长对我的帮助和支持，周驰学长给我的学术论文和博士学位论文均提供了悉心的指导和建议，这必将对我今后的研究和发展带来很大的帮助，衷心地感谢学长为我所做的一切。

感谢我的同学陈艺丹、杨帆、臧文娟、郝婷、董营，吴成霞，等等，他们一起见证了我在博士期间的成长，我们曾分享各自在读博期间遇到的各种问题，共同进步。有了你们才使得我艰苦的博士生涯变得有趣而充实。

从毕业到佛山科学技术学院任职，一直忙于教学、科研，将写书的事情耽搁了下来，也正是由于罗锋院长的鼓励和支持才有了我写下去的动力，并顺利地完成了本书的写作，感谢在工作期间对本书提供帮助和指导的各位领导和老师。

最后，我要感谢我的家人。感谢我的爸爸、妈妈、弟弟对我的支持和关心，感谢我的丈夫在工作和生活上对我的支持和理解，衷心祝愿家人身体健康！

黄慧霞

2020 年 10 月